# Le management noir

## La souffrance au travail, ça suffit !

Le management Haute Qualité Relationnelle
efficace dans la prévention des risques psychosociaux

editionsducygne@club-internet.fr

**www.editionsducygne.com**

ISBN : 978-2-84924-192-9

Christophe Médici

# Le management noir

## La souffrance au travail, ça suffit !

## Le management Haute Qualité Relationnelle efficace dans la prévention des risques psychosociaux

Éditions du Cygne

**du même auteur :**

*L'homme sans Rolex,* Éditions du Cygne, 2010

*L'entrecrise* (avec Claire Philips), Éditions du Cygne, 2008

*La HQR à l'école,* Éditions du Cygne, 2008

*La Haute Qualité Relationnelle : les nouvelles clés du mieux-être ensemble,* Éditions du Cygne, 2008

*Lettre à Ségolène,* Éditions du Cygne, 2007

*Fin de parti,* YCE Éditeur, 2005

*Frère de sans. Pour un nouvel esprit politique*, YCE Éditeur, 2001 *à tous les suicidés du travail.*

*« J'écris pour ceux qui sont battus. »*
*Albert Camus*

## Préambule : « Casse toi ! »
### Le syndrome France Télécom

« Ils ont voulu me broyer. Durant des mois, ils m'ont dit : casse toi. Un soir d'hiver, j'ai voulu me foutre en l'air. C'était ma façon à moi de me casser ». Ainsi s'exprime Jean Claude, 52 ans, technicien chez France Télécom, quelques mois après sa tentative de suicide. « Il faudrait écrire le livre noir du management. J'en aurais des choses à dénoncer », poursuit-il.

De tels témoignages affluent de tous les secteurs de la population active. Les cabinets de consultation de médecine du travail ne désemplissent pas. L'immense majorité des salariés y exprime sa souffrance psychique. L'Institut de Veille Sanitaire estime que les maladies liées au stress, burn out, dépression, ont augmentées de 50 % en cinq ans.

Pour l'année 2009, elles ont causé quatre cent mille arrêts maladies et deux millions d'heures non travaillées. Coût pour la collectivité nationale : quatre milliards d'euros. « L'heure est grave. Deux de mes collègues se sont suicidés suite à du mobbing au travail au cours de ces six derniers mois », assure hélène, 37 ans, cadre dans le secteur bancaire. Le mobbing désigne le harcèlement sur le lieu de travail.

Selon l'ANACT (Agence Nationale d'Amélioration des Conditions de Travail), en 2009, on a dénombré deux millions de plaintes pour harcèlement moral et cinq cent mille pour harcèlement sexuel. Il faudrait écrire le livre noir du management. En février 2009, L'Organisation Mondiale de la Santé tirait la sonnette d'alarme. Parmi toutes les crises que nous subissons, financière, économique, sociale, environnementale, politique, éducative, il existe une véritable crise sanitaire au travail.

Longtemps, elle fut déniée. Aujourd'hui, elle apparaît au grand jour. Pour un nombre croissant de salariés, le quotidien au travail est devenu synonyme de stress, de harcèlement moral ou physique, d'isolement. Selon l'Institut National de Recherche et de Sécurité, le taux de suicides sur le lieu de travail a augmenté de 27 % en deux ans.

Rendons à César ce qui lui appartient. Si les médias évoquent plus fréquemment ce phénomène préoccupant, si les politiques eux mêmes se sont emparés de la question, nous le devons à ces centaines de suicidés au cours de ces derniers mois. « Si seulement mon geste pouvait servir à quelque chose, mais j'en doute, ce n'est plus la politique actuelle, écrit Jean Michel, 53 ans, technicien chez France Télécom à Troyes, dans une lettre laissée à sa déléguée syndicale juste avant de mettre fin à ses jours. Ça fera toujours un de moins. Si tu pouvais en parler autour de toi et faire remonter, que les autres sachent et se rendent compte combien cette bande d'irresponsables est prête à tout pour faire partir les gens ».

Ces derniers mois, l'entreprise France Télécom a défrayé la chronique. Fin décembre 2009, on dénombrait trente trois suicides en l'espace de dix huit mois. En novembre 2009, Le PDG en exercice, Didier Lombard, aux côtés du ministre du travail d'alors, Xavier Darcos, s'exprimait en ces termes devant les caméras de télévision : « Il faut mettre un terme à cette vague de suicides ». Pas besoin de souligner le caractère indécent, déplorable d'une telle allégation.

Pourquoi tant de suicides ? Pour quelles raisons les salariés souffrent t'ils tant sur leur lieu de travail ? Comment expliquer ce phénomène national ? Quelles responsabilités dévoluent à quels acteurs ? Sans dénier la dimension forcément plurifactorielle des explications, il convient de faire la lumière sur cette douloureuse question qui nous concerne tous. Le travail se situe au cœur de la vie de chacun. Il constitue un pilier de notre identité. Travailler à en mourir quand certains meurent d'envie de travailler, quelle ironie du sort !

En mars 2010, l'inspection du travail remettait au ministère une enquête accablante sur les suicides chez l'opérateur téléphonique Orange. L'ex-direction y est directement mise en cause. Selon l'inspectrice en charge de l'enquête, la souffrance à France Télécom provient de la mise en place dès 2006 du plan « NEXT », qui visait, selon le top management, « à améliorer le rendement, l'efficacité et la productivité du groupe ».

L'objectif était clair. Il consistait à supprimer vingt-deux-mille emplois en trois ans et à muter dix mille personnes de métier. Au niveau des ressources humaines, ce plan NEXT (qui signifie « suivant » en anglais) fut décliné en plan ACT. La blague, en forme d'humour noir, qui circulait dans les services de l'entreprise, était que ACT désignait les initiales d'une injonction : Allez Casse Toi !

« Quand on vous enjoint à longueur de journée, par des mails qui vous proposent d'ouvrir une pizzéria, par des incitations, par des postures non verbales d'indifférence, par des mises au placard humiliantes, de vous casser, sans être psychanalyste, on comprend que certains finissent par les prendre au mot, et par ... se casser en sautant par la fenêtre comme c'est arrivé à l'une de mes collègues » témoigne Sandra, 43 ans, assistante, en larmes.

De fait, la direction de France Télécom savait que certains « resteraient au bord de la route », selon le témoignage de Louis Pierre Wenies, ancien patron des opérations France, lors d'une convention en 2006. C'est ce que confirme le contenu des modules de formation de quatre mille managers cette année-là. « Les cadres sont formés pour mettre en mouvement leurs collaborateurs. Les questions de santé mentale des travailleurs y sont également abordées » décrit le rapport de l'inspection du travail.

Avant tout, il fallait aller vite pour améliorer les résultats. L'ex-DRH d'Orange, Olivier Barberot, déclarait devant les cadres : « J'aurai échoué si on ne fait pas les vingt deux mille départs. Pour le groupe, c'est sept milliards de cash flow ».

Entre-temps, la nouvelle direction a fait appel au cabinet Technologia pour comprendre ce qui se passe. Ce même organisme avait officié chez Renault en 2004, suite à la série de suicides au Technopôle de Guyancourt. Ils lancèrent un grand questionnaire auquel répondirent près de 80 % des employés, et remirent leur rapport sous la forme de cent sept propositions pour réduire le stress à France Télécom. L'une d'elle nous interpelle : Renommer le DRH, directeur des relations humaines. Néanmoins, depuis le début de l'année 2010, la spirale des suicides ne s'est pas interrompue. Preuve que le mal est plus endémique et structurel que certains aimeraient le faire croire.

En mars, un salarié de 44 ans s'est suicidé à L'UAT de Lille. Puis ce fut le tour d'un de ses collègues à Lyon, ce qui porte à onze suicides au sein de l'entreprise depuis le début de l'année 2010. Il faudrait écrire le livre noir du management. Le rapport de l'inspection du travail a souligné les difficultés qui persistaient dans le groupe, la nécessité de mettre en place d'urgence, des médiateurs. L'expertise a été envoyée à la justice au titre de la mise en danger délibérée de la vie d'autrui, et de l'article du code du travail qui oblige l'employeur à prendre des mesures nécessaires pour garantir la sécurité de ses employés. En matière de santé, il a même un devoir de résultats. Au vu de la profondeur de la crise, ce n'est pas un effet cosmétique, et quelques changements de terminologie qui arrangeront durablement la situation. Le malaise au travail ne touche pas qu'une entreprise. Il traverse toute la population active, même si les études prouvent qu'il est plus prégnant dans les grands groupes que dans les petites structures.

Le secteur public n'est pas en reste. Selon l'Institut de Veille Sanitaire, en 2009, vingt quatre fonctionnaires se sont donnés la mort au ministère des finances, et dix sept agents au sein du ministère de l'équipement et du développement durable. Dans le secteur public, les « records » en terme de suicides sont détenus par L'Éducation Nationale (39 pour 100 000) et la police (35 pour 100 000).

On peut donc parler d'un syndrome France Télécom qui sévit sur toute la population active française. Le traumatisme est tel, la peur de ternir l'image de sa structure auprès des clients ou des usagers, que les directions recensent et analysent tous les cas possibles de souffrance au travail. C'est en effectuant ce travail d'inventaire que certains employeurs ont découvert l'ampleur des dégâts. Le ministère de l'écologie a pris très au sérieux les risques de suicides parmi les soixante-sept-mille fonctionnaires et notamment les agents de l'équipement. En quatre ans, soixante-quinze suicides se sont produits parmi les personnels de ce ministère. Le ministre Borloo a décidé de diffuser une circulaire de soixante trois pages auprès de ses agents pour sensibiliser les services de l'équipement aux risques suicidaires. Cette circulaire indique que l'on en demande parfois beaucoup trop aux salariés et qu'ils n'arrivent plus à supporter la pression. C'est très clairement que l'on appelle le « job strain », le travail tendu : On demande à un employé toujours plus de rendement en un minimum de temps. Le travailleur est sous pression, et comme dans le même temps, son service a souvent dû subir une compression de personnel, il exécute parfois le travail de trois.

« Beaucoup de mes collègues ont perdu leurs repères et sont gagnés par un sentiment d'inutilité et de perte d'estime de soi. Ils ont mal vécu les nombreuses réorganisations survenues ces dernières années », témoigne valérie, 39 ans, fonctionnaire depuis 17 ans.

Lors d'une émission sur France Culture en janvier 2010, le neuropsychiatre Boris Cyrulnick indiquait que les trois populations de salariés regroupant les plus forts taux de dépression étaient ceux des préfectures, des mairies ainsi que le personnel hospitalier. Pour prévenir les drames, la circulaire du ministère de l'Équipement prévoit de lancer une étude épidémiologique et une formation de l'encadrement. Pendant des années, ces phénomènes n'étaient pas vraiment pris au sérieux.À l'automne 2009, le ministère du travail, décide de prendre le taureau par les cornes. Il faut agir car l'opinion publique commence à s'émouvoir de cette situation. À la vue de l'immense souffrance d'une partie des salariés, le gouvernement enjoint les mille-cinq-cents entreprises de plus de mille employés à poser des actes clairs pour le bien-être de leur personnel. Les sociétés concernées doivent engager avant le premier février des négociations ou des démarches sur le stress au travail. À l'heure du bilan, le ministère du travail en a tiré un classement explosif. Xavier Darcos a emprunté aux Anglo-Saxons la stratégie du « name and shame » : nommer et faire honte. Le ministère a établi trois listes : une liste verte regroupant les entreprises vertueuses, une liste orange et une liste rouge. Le dix-huit février 2010, ces trois listes furent rendues publiques sur le site internet du ministère du travail. En l'espace de trois heures, on dénombra plus d'un million et demi de clics. Du jamais vu ! De nombreux salariés voulaient savoir dans quelle catégorie leur entreprise était classée.

Suite à des pressions, notamment du MEDEF, qui remontèrent jusqu'à Matignon, le ministre dut retirer les listes rouges et oranges. Dès le lendemain, n'apparaissait plus que la liste verte. Pour de nombreux cabinets de consultants en gestion du stress, bien au fait des pratiques managériales de certaines entreprises, la surprise fut grande d'en retrouver certaines sur la liste verte. Ils les qualifièrent « d'entreprises pastèques » : vertes dehors et rouges dedans.

Même si la stratégie courageuse de Darcos a fait long feu, reste l'idée qu'un grand nombre d'institutions trainent les pieds et rechignent à aborder de front un problème que quarante pour cent des salariés disent avoir un jour rencontré. Il faudrait écrire le livre noir du management. Les listes rouges et oranges circulent toujours sur le web. On peut les consulter sur des sites comme itrnews.com ou encore les pages personnelles d'internautes du post.fr. Les firmes sur liste rouge n'ont pas répondu au questionnaire du gouvernement ou n'ont rien entrepris pour lutter contre le stress an travail. Celles sur liste orange ont juste engagé des réunions de négociations ou de discussions avec les représentants du personnel. Celles sur la liste verte ont signé un accord de fond, et mis en place un plan d'action. Elles incarnent les bons élèves de la classe entrepreunariale française en la matière.

Il faut souligner que pour la première fois, le ministère inversait la donne et évaluait l'évaluateur. Celui qui dévalorise bien souvent, celui qui étiquette, celui qui, parfois avec beaucoup de parti pris et de mauvaise foi, distribue bons et mauvais points parmi ses collaborateurs, en exile certains, en idolâtre d'autres, en excommunie certains et en glorifie d'autres, les équipes de direction elles mêmes étaient évaluées.

Parmi les « cartons rouges », on se défend en reprochant au gouvernement de ne pas avoir distingué l'absence de réponse au questionnaire de l'absence de solutions envisagées : « Le fait que nous n'ayons pas répondu dans les délais ne signifie pas que le groupe se désintéresse de la question » s'exclame un DRH qui souhaite rester anonyme.

Peut-on encore tergiverser ? L'heure est-elle à « envisager » ? Bien sûr que non. L'heure est à l'action, à l'évolution managériale voire à une révolution nécessaire et urgente. Une priorité : Réhumaniser le monde du travail. Sensibiliser tous les managers, ceux en poste ainsi que ceux en formation, aux dimensions psychologiques et humaines de leurs fonctions. Nous dénonçons un problème de cloisonnement dans l'action et la réflexion sur les pratiques managériales en France. Travaillons ensemble, chercheurs, médecins du travail, thérapeutes, psycho- sociologues, formateurs, coachs, DRH, représentants du personnel.

« Il faut pratiquer une approche plurielle des problèmes de management. Chaque entreprise devrait mettre en place un groupe pluridisciplinaire incluant l'employeur, partenaires sociaux, médecins du travail et des consultants extérieurs pour confronter leurs approches. Faire travailler ensemble ces acteurs n'a encore rien d'évident en France », dénonce le psychiatre Patrick Légeron. Un manager se doit de développer une compétence émotionnelle afin de pouvoir identifier les risques de stress, le sien et celui de ses collègues. C'est tout le sens de la méthode de management Haute Qualité Relationnelle que vous allez pouvoir expérimenter. Elle est fondée sur l'écologie relationnelle. Qu'est ce que l'écologie relationnelle ? C'est prendre soin de son environnement humain. À cet effet, il est incontournable d'éduquer sa manière de communiquer afin de ne pas émettre de messages toxiques. Cette pratique est bicéphale. Il s'agit de faire preuve d'écologie relationnelle tant envers soi qu'envers les autres. Notre objectif est de promouvoir un management plus vertueux.

Certaines orientations ont entrainé de nombreux managers dans des cercles vicieux, parfois même à leur âme défendante. Nous les mettons en garde. On a vite fait de perdre pied en la matière. La perte de lucidité et la zone aveugle s'accroissent souvent au fil des jours et l'on se retrouve embarqué dans des pratiques contraires à nos valeurs profondes. Certaines dépressions surviennent lorsqu'un individu agit trop longtemps en opposition avec ses valeurs. Cette dissonance est difficilement tenable.

La méthode Haute Qualité relationnelle est composée d'outils Relationnels (OR). Dans cet ouvrage, nous vous proposons d'expérimenter les Outils Relationnels Managériaux (ORM). On distingue deux familles d'ORM.  Ceux destinés à un management individuel. Ils s'utilisent au cours d'entretiens en tête à tête par exemple, ou bien lors de moments informels. Ce sont les Outils relationnels managériaux individuels (ORMI).

La seconde catégorie regroupe les outils relationnels managériaux d'équipe (ORME). Ils sont utiles lorsque le manager est en présence de toute son équipe.

La méthode Haute Qualité Relationnelle est participative, simple et intégrative. Elle a pour dessein d'opérer une véritable révolution dans les pratiques managériales en vigueur aujourd'hui.

« Je fais hospitaliser deux à trois salariés par semaine au bord de la crise psychologique aigüe », atteste la psychologue du travail Marie Pezée. Il est temps de prendre des mesures rapides et drastiques. C'est tout le sens de la démarche Haute Qualité Relationnelle.

**Outil Relationnel (OR) 1 : Calcul de votre IQRM.**

En répondant à ce questionnaire, vous allez calculer votre Indice de Qualité Relationnelle Managériale.

Questionnaire d'Indice de Qualité Relationnelle Managériale Personnelle (IQRM)

**1. Quelle est mon attitude par rapport à la délégation des tâches au sein de mon équipe ?**

a. Je sais déléguer facilement.
b. Je délègue souvent, surtout quand la tâche me paraît facile et que sa potentielle mauvaise exécution n'aura que peu ou pas d'impact.
c. Je ne délègue que très rarement car il me semble important de garder le contrôle.
d. Je ne délègue jamais.

**2. Quelles sont mes habitudes en terme de communication avec mon équipe ?**

a. J'organise des réunions avec mon équipe régulièrement.
b. Je communique essentiellement par mail.
c. Je privilégie le contact direct avec chacun des membres de mon équipe.
d. Je téléphone directement à la personne.
e. J'intercepte la personne à qui je souhaite parler au détour d'un couloir et lui explique ce que je souhaite.
f. Je crie mes instructions depuis mon bureau.

**3. Quelle est mon attitude lorsque je dois re-motiver mon équipe ?**

a. Je me sens compétent lorsque je dois motiver mon équipe et j'organise qui réunion de motivation, qui un petit déjeuner ou déjeuner d'équipe.

b. Je ne sais pas comment m'y prendre pour que mon message passe bien.

c. Je vais soutenir et valoriser chacun des membres de mon équipe personnellement à son poste de travail.

d. J'inclus un paragraphe sur la motivation dans mon discours de fin d'année.

**4. Quelle est mon attitude lorsque je dois donner du feed-back négatif ou une critique à un des membres de mon équipe ?**

a. Je n'ai aucun problème à signifier le problème devant tout le monde.

b. J'organise un face à face avec la personne concernée et n'ai aucun problème pour lui formuler une critique entre quatre yeux en faisant attention de ne pas la blesser.

c. J'évite d'avoir à faire cela.

d. J'envoie un mail.

e. Je demande à un de mes subordonnés de le faire.

**5. Quels sont mes premiers gestes lorsque j'arrive au bureau ?**

a. Je salue les membres de mon équipe déjà présents.

b. Je m'enferme dans mon bureau pour lire mes mails.

c. Je vais prendre un café et discute avec les autres collègues présents.

**6. Quelle est mon attitude lorsque je dois gérer un conflit ?**

a. J'évite d'intervenir et laisse les personnes se débrouiller seules.

b. Je suis à l'aise dans la gestion d'un conflit et fais ce qu'il y a à faire en restant calme.
c. Cela me met en colère et m'énerve.

**7. Quel est mon style de mode de pensées préférées ?**
a. Je suis un stratège, j'ai une vision à long terme.
b. Je suis très attaché au fait que l'on respecte les procédures et les règles.
c. Je suis un humaniste.
d. Je suis un créatif, un innovant.J'aime prendre des risques.

**8. Comment est-ce que je reconnais et valorise les membres de mon équipe ?**
a. Je suis conscient des points forts et des qualités des membres de mon équipe et je leur dis souvent.
b. Je connais les qualités de mon équipe mais je pense qu'il ne faut pas trop le leur dire. Ils risqueraient de s'endormir sur leurs lauriers.
c. Je suis pour un style de management plus dirigiste et je demande à mon équipe de travailler ses points faibles.Les points forts c'est de l'acquis pas la peine d'en parler.

**9. Quel est mon style de management vis-à-vis de ma hiérarchie ?**
a. Je défends mon équipe et répercute leurs besoins et leurs initiatives plus haut, en respectant les objectifs qui me sont fixés.
b. C'est important pour moi de satisfaire totalement les ordres de ma direction peu importe les avis de mes subordonnés.

**10. Comment qualifierais-je mes relations avec les managers des autres services ?**
a. Inexistantes.
b. Cordiales, sans plus.
c. Tendues.
d. Je cloisonne et fais le strict minimum lorsque les entrevues sont imposées.

**11. Comment qualifierais-je la relation « manager-équipe » ?**
a. Efficace.
b. Difficile.
c. Stérile.

**12. Quel est mon sentiment au sujet du management génératif ?**
a. J'y suis très attaché(e).
b. Je n'y pense pas vraiment. Cela ne m'attire pas.
c. À vrai dire, je ne connais pas bien comment cela se pratique, mais je suis disposé(e) à découvrir et à expérimenter.

## Outil Relationnel (OR) 2 : Le Journal d'Écologie Managériale.

Créez votre Journal d'écologie managériale (JEM). Choisissez un cahier ou un carnet, le support que vous souhaitez pour peu que vous le trouviez beau. Il va constituer votre journal d'écologie managériale. Chaque jour, prenez quelques minutes, pour y consigner tout ce que vous avez remarqué dans vos comportements managériaux. Commencez par y notifier les comportements à dominante Basse Qualité Relationnelle que vous souhaitez rectifier chez vous, ainsi que ceux que vous avez observés chez vos collègues. Continuez par l'observation de la façon dont vous avez réagi à un comportement BQR de la part d'un(e) collègue, que ce soit dans la relation horizontale ou verticale. Notifiez vos trois principaux succès et félicitez-vous. Terminez par consigner les quatre événements qui vous ont procuré de la joie. Exprimez toute votre gratitude pour de tels moments de qualité.

Toutes les études de psychologie positive attestent que consacrer un temps d'écriture chaque jour, augmente ostensiblement votre taux de bien-être personnel. Cela contribue à se

sentir un manager heureux. Il convient de faire preuve de régularité. Il faut que cela devienne un rituel (sans aucune connotation religieuse).
C'est ainsi que vous cheminez vers le manager HQR que vous souhaitez devenir.

## Première partie : Le management noir

*Il n'y a pas de suicides, il n'y a que des meurtres.*
Elsa Triolet

Le management est une source inépuisable de productions conceptuelles. Il prête aux malentendus. Il présente la particularité d'être à la fois une « science » et une pratique. C'est un de ses points communs avec le marketing. Les poncifs, les a-priori, les représentations positives ou négatives y abondent plus que dans d'autres domaines des sciences sociales.

Il faut dire que divers profils d'individus sont concernés au quotidien par le management : salariés, patrons, consultants, enseignants, chercheurs, écrivains, etc. Ces profils divers ont souvent des intérêts contradictoires. Cette diversité multiplie les occasions de malentendus et d'incompréhensions. Au point de vue des praticiens, managers, chef d'entreprises, s'oppose parfois celui d'universitaires, de consultants et autres chercheurs.

Étymologiquement, le verbe « manager » vient de l'italien *managgiere* qui signifie « contrôler ». De fait, l'une des attributions du manager c'est de contrôler le travail de collaborateurs. Le terme fut influencé par le mot français « manège », qui décrit l'action de faire tourner les chevaux dans un manège. À ces notions, vient s'ajouter celle de « ménager », qui signifie « gérer les affaires du ménage » et par extension, prendre soin d'une ou de plusieurs personnes.

Dans le cadre de l'entreprise, cela consiste à gérer des ressources humaines et des moyens financiers. Tous les manuels expliquent qu'il existe quatre styles de management : le normatif, le réactif, le directif et le participatif. Par delà ces quatre styles, nous allons vous proposer une nouvelle voie qui donne vie à un cinquième style de management : le management positif. Toutes les études de psychologie du travail prouvent qu'une des causes du mal-être des salariés est due à un certain management par le stress.

Nous le qualifions de management noir. Dans le secteur de l'éducation, en référence aux abus et maltraitances subies par certains enfants, la psychanalyste Alice Miller employait l'expression de « pédagogie noire ». Dans un entretien paru en janvier 2002 dans la revue *Cultures en Mouvement*, elle définit la pédagogie noire. « Elle a pour but l'obéissance à tout prix, y compris l'aveuglement pour toute la vie. Je l'ai trouvée d'abord chez ma mère qui a cherché à briser ma volonté (selon ses propres mots) à chaque occasion. L'adulte qui la pratique bat les enfants. Devenue psychanalyste et, en écoutant mes patients, j'ai compris pourquoi je n'avais pas de souvenirs d'avoir été battue. Il faut commencer avec l'application de tapes très tôt dès les premiers jours pour que les résultats soient efficaces pour toute la vie. J'ai compris l'importance de cette précocité quand j'ai commencé mes recherches sur les enfances des dictateurs. Sans exception, ils ont été violement battus, dès leur plus jeune âge et plus tard, Hitler, Staline et d'autres, arrivés au pouvoir, se sont vengés sur des boucs émissaires innocents.

Dans mes ouvrages, *C'est pour ton bien* ou encore *La connaissance interdite*, j'ai développé le concept de « témoin secourable ». Il rencontre l'enfant battu et réduit l'effet des violences. Quelqu'un qui nous a aimé, qui nous a donné un peu de chaleur, un peu de confiance en nous. Grace à la présence d'une telle personne, même très passagère, nous avons pu développer l'espoir de trouver l'amour dans notre vie. Mais si une telle personne ne partage jamais la vie de l'enfant en le réconfortant, celui-ci ne connaîtra que la violence. Il la glorifiera et la perpétuera.

Il est intéressant que dans les enfances de tous ces dictateurs, comme dans celles des criminels en série, on ne trouve pas de personnes que j'appelle des témoins secourables. Personne pour accompagner l'adulte victime dans son enfance, pour agir en quelque sorte comme une prévention secondaire des conséquences plus ou moins durables et graves des violences. Ce témoin éclairé ne peut jouer aucun rôle, car il n'est pas écouté. » C'est en écho à cette pédagogie noire que nous parlons à notre tour de management noir dans le monde du travail. Il génère des abus et de la maltraitance vis-à-vis de nombreux travailleurs. C'est un management toxique qui utilise au quotidien l'intimidation, la pression sur les employés afin de parvenir à rendre les équipes plus productives et à accroître le chiffre d'affaire de l'entreprise. Les croyances de ces managers sont claires. Si l'on souhaite qu'une équipe soit de plus en plus performante, elle doit être mise sous pression.

Est-ce toujours valable ? Existe-t-il d'autres voies possibles ? À quel prix ? Une étude de l'institut de sondage européen Stepstone auprès de mille salariés de tous les pays de L'union Européenne, leurs demandait s'ils recommanderaient leur entreprise à leurs amis. Près de soixante cinq pour cent des sondés répondirent par la négative. Les salariés français, avec un taux de soixante dix pour cent de « non » arrivèrent en tête. Il semble bien qu'il existe un désamour entre les salariés de notre pays et leurs entreprises. En novembre 2009, une manifestation orchestrée par une cadre du MEDEF, proposait aux salariés de s'impliquer dans une fête pour célébrer leur entreprise : « J'aime ma boîte ».

Curieux paradoxe, lorsqu'une majorité de travailleurs se pose la question : « Est-ce-que ma boite m'aime » ? Période Damocléenne où l'on n'est jamais certain de conserver son emploi dans le secteur privé et sous le joug de restructurations à caractère déstabilisant dans le secteur public.

Cette situation instable est source d'un accroissement du stress. Mais que désigne exactement ce stress ?

### a) Un management par le stress

Le stress n'est pas un état d'esprit mais une maladie neurologique désormais quantifiable. Il fait tellement de dégâts qu'il est considéré par certains chercheurs comme le mal du XXIe siècle. En juin 2010, eut lieu la sixième semaine de la qualité de vie au travail. À cette occasion, l'ANACT (Agence Nationale d'Amélioration des Conditions de Travail) publia un sondage : 65 % des salariés français s'estiment victimes de stress. Toutefois, un stressé sur deux dénie le fait d'être stressé. Les gens stressés grossissent ou maigrissent, perdent plus rapidement leurs neurones, la mémoire, l'équilibre. Ils risquent de devenir dépressifs, agressifs. Le stress fragilise l'organisme, augmente la tension artérielle, endommage les parois des veines et engendre parfois des maladies cardio-vasculaires. Il peut être mortel. Quelles en sont les causes ? Elles sont plurifactorielles. Mais derrière le stress, on retrouve toujours, d'une façon sous-jacente, cette émotion primaire négative qu'est la peur et tous ses dérivés, de la timidité jusqu'à l'angoisse.

Nous souhaiterions d'emblée battre en brêche une croyance assez répandue dans l'opinion publique. Celle qu'il existerait un bon et un mauvais stress, de la même façon qu'il existe un bon et un mauvais cholestérol. C'est inexact. Le bon stress n'existe pas. Ce que certains désignent comme étant un bon stress, nous le qualifions de mobilisation soutenue des capacités.

La fonction première dans l'organisme humain de cette mobilisation c'est d'échapper à un danger ponctuel qui peut attenter à la vie. Il s'agit alors d'un stress nécessaire.

Sur le plan physiologique, le fonctionnement est le suivant : la respiration s'accélère, gonfle les poumons qui envoient un excédent d'oxygène dans le sang, lequel irrigue les muscles et le cerveau.

En langage scientifique, le stress se qualifie en « syndrome général d'adaptation ». Il s'agit d'une concentration maximale, d'une vigilance accrue, les muscles sont tendus. C'est la réponse de l'organisme à une situation nouvelle. Le corps humain sécrète une hormone de la famille des corticostéroïdes : le cortisol. Il agit comme un « booster » métabolique. C'est l'hormone de l'équilibre. L'une de ses fonctions est d'augmenter le taux de glucose dans le sang lorsque l'organisme réclame de l'énergie.

Le sur-stress engendre un surdosage de cortisol.

Le stress s'articule en trois phases bien connues des experts :

La phase d'alarme, de quelques minutes à une heure. En réaction à un événement stressant, le système limbique (cerveau des émotions) donne l'alerte.

La phase de résistance dure plusieurs heures à plusieurs jours. Durant cette période, la concentration de cortisol sanguin s'élève.

Enfin la dernière phase, dite phase d'épuisement. Elle dure plus d'un mois.

Le cortisol est produit sans contrainte, sollicitant l'organisme jusqu'à épuisement. Les maladies risquent de survenir : pathologies cardio-vasculaires, troubles musculo-squelettiques, maladies infectieuses, hypertension artérielle, maladies de peau. Puis viennent se greffer les maladies psychiques, dépressions, burn out. Ce dernier est un syndrome d'épuisement. Toute la physiologie se dérègle.

Soyons conscients que lorsqu'un individu est stressé, tous les organes en pâtissent, y compris le cerveau.

Sur le plan psychologique, on entend souvent dire, « j'aime ces moments où je me sens sous pression, tendu vers un objectif », « cela me galvanise », « c'est pour des moments d'une telle intensité, quand je me mets en danger, que la vie vaut la peine d'être vécue ». C'est bien ce que nous appelons une mobilisation soutenue des aptitudes, une attention forte, parfois décuplée suivant la nature et l'importance de l'événement. Cette activité qui met l'individu dans un tel état lui procure sens et plaisir. C'est une pratique galvanisante.

Une autre activité qui le mettra sous pression, aura du sens, sans lui procurer de plaisir. Celle-ci est une activité stressante.

Pour la première, l'individu ressent un sentiment d'autodétermination et sa mise sous pression est endogène.

Pour la seconde, la pression est d'origine exogène.

Dans son ouvrage, *L'apprentissage du bonheur*, le professeur à Harvard Tahal Ben Sahar, explique que le bonheur peut se mesurer par un ratio positif des activités de prédilection sur les activités d'obligation. Les activités stressantes font évidemment partie de la seconde catégorie. Lorsque le stress s'installe, il devient de plus en plus nocif. On l'appelle, le stress chronique. Il n'existe donc que deux stress :

– Le stress nécessaire, qui aide à se protèger de situations dangereuses. S'il n'avait pas existé, l'humanité n'aurait pas survécu.
– Et le mauvais stress dont nous allons détailler les conséquences. Tous les experts s'accordent à penser qu'il existe quatre grands facteurs de stress au travail :
– Un certain management, fondé sur le culte de la performance et une individualisation galopante.
– L'organisation du travail, qui regroupe les conditions de travail, l'intervention des NTIC(Nouvelles Technologies de l'Information et de la Communication) dans le quotidien professionnel, l'imbrication, vie privée-vie professionnelle qui rend les frontières floues et trop poreuses.
– Un accompagnement aux changements défectueux.
– Enfin, une communication toxique.

Selon l'Agence Européenne pour la Sécurité et la Santé, le stress au travail se définit comme l'anxiété provoquée par le déséquilibre existant entre ce qui est demandé à quelqu'un et les moyens dont il dispose pour y parvenir.

Dans certaines entreprises, ce management par le stress se pratique au quotidien. C'est le cas dans les entreprises de marketing téléphonique.

## L'enfer des centres d'appels

« On est fliqués toute la journée, chronomètrés, tout est soumis aux quotas, même pour aller faire pipi on essuie parfois un refus. Une fois, le superviseur est venu me chercher jusque dans les toilettes ! C'est terrifiant, témoigne Flora, vingt quatre ans, qui travaille chez Téléperformance, un des leaders du secteur. Ce sont des négriers des temps modernes ces gens-là ».

En France, ils sont deux-cent-soixante mille travailleurs à décrocher le téléphone toute la journée au sein de call centers plus ou moins imposants. « Nous subissons des cadences infernales, pressés par des managers qui ont eux-mêmes des objectifs à remplir. Ces centres d'appels, ce sont des usines des temps modernes, et nous sommes une nouvelle race d'OS en col blanc », déclare Mehdi, trente deux ans, employé d'une de ces firmes. La journée d'un télé conseiller s'apparente à un véritable marathon. Ses pauses sont chronométrées, vingt minutes toutes les deux heures, c'est légal. Gare à ne pas déborder, vous serez rappelé à l'ordre vertement. De nombreux conseillers craquent. Les psychiatres en voient défiler dans leurs cabinets. Ils éprouvent de nombreuses souffances psychiques. Après trois ans d'appels à la chaine, Gilles, trente ans, est tombé en dépression. « Ils m'ont mis la pression, de plus en plus chaque jour. J'ai fait des crises de nerfs sur mon lieu de travail. Dans ce boulot, je n'ai ressenti aucun plaisir, et reçu aucune reconnaissance pour mes efforts. D'ailleurs, on est réduit au rôle de robot qui doit lire un texte au mot près. C'est débilitant et nerveusement usant ».

Selon une étude de l'Institut de Veille Sanitaire, un tiers des téléopérateurs souffrirait de détresse psychique en France.
Sylvie, psychiatre qui reçoit de nombreux téléacteurs dans son cabinet, nous décrit les symptômes de ces stakhanovistes du XXIe siècle : « Ils souffrent de troubles du sommeil, insomnies ou cauchemars dans lesquels ils voient défiler des probléma-

tiques professionnelles. » Dans leur vie privée, ils deviennent moins disponibles pour leurs proches. Leurs enfants les insupportent de plus en plus.

De plus, ils sont assaillis par des pensées obsessionnelles. Ils songent aux objectifs qu'ils doivent atteindre. « Tout cela est la conséquence du travail robotisé et surtout du management par le stress que nous subissons. C'est accentué par le fait que nous travaillons les uns sur les autres, dans un bruit constant et des mouvements incessants. On y dénombre une forte proportion de jeunes travailleurs ».

« En France, quand on est jeune, on a le choix entre travailler dans des secteurs stressogènes, type call centers ou restauration rapide, ou chômer, dénonce Toufik, vingt deux ans, téléconseiller. On est payé avec un lance pierre, mais c'est ça ou pôle emploi ». De nombreuses entreprises ont décidé de délocaliser leurs centres d'appels, notamment vers le Maroc. Ils payent leurs employés trois-cent-cinquante euros par mois, et les autorités sont moins à cheval sur les conditions de travail. De la main-d'oeuvre plus docile, moins bien rémunérée, la délocalisation a de beaux jours devant elle. Chaque jour trois millions d'appels sont passés entre la France et le Maroc.

Dans son nouveau livre, *Parmi les perdants du meilleur des mondes*, le journaliste allemand Gunter Wallraff, raconte son expérience au sein de ces call- centers. « Les centres d'appels sont les nouveaux charbonnages de la révolution post-industrielle, avec des masses laborieuses aussi invisibles que leurs conditions de travail », écrit-il. « J'ai voulu m'immerger parmi eux, dans le monde de la pêche insdustrielle à la ligne téléphonique. Derrière la paroi de l'open space sont alignés cent postes de travail informatiques. Le vacarme est assourdissant. Comment supporter un tel niveau de décibels pendant des heures d'affilée ? »

« Soit tu deviens complice, soit tu arrêtes, confirme un camarade qui a préféré arrêter. Quand tu entends quelqu'un au téléphone qui a une toute petite retraite et qui est tout seul, et que toi, tu suis le mode d'emploi qu'on t'a donné pour lui faire les poches, tu ne te sens pas très bien. Moi, je continuais même d'y penser le soir à la maison. »

Wallraff témoigne que le taux de rotation dans les centres d'appel est extrèmement élevé. La plupart ne tiennent pas plus que quelques mois.

En France, Pôle Emploi a dénombré que ce secteur d'activité avait déjà proposé quatre mille nouvelles offres d'emploi depuis début 2010. Les centres d'appel ? Un secteur qui recrute aussi fort qu'il stresse. Les employés de pôle emploi ne sont pas épargnés en terme de stress. En octobre 2009, ils firent grève en bloc pour protester contre leurs conditions de travail qui se sont dégradées et ont accru leur mal-être. La désorganisation créée cette année par la fusion ANPE -ASSEDIC est terrifiante.

« Le matin, je pars au bureau le ventre noué », raconte Karine, 30 ans, conseillère depuis huit ans en Franche Comté. « Je rentre le soir avec une migraine. Je ne m'occupe plus d'une centaine de chomeurs mais de deux-cent-cinquante voire trois-cents, avec l'arrivée des bénéficiaires du RSA. C'est pitoyable. Je les convoque au petit bonheur la chance. Je n'arrive plus à les connaître. Ce qui me désole le plus ? De bâcler mon boulot. »
« Le sentiment de mal faire son travail est souvent plus nocif pour la santé mentale qu'une simple surcharge », nous explique chantal, 47 ans médecin du travail à Cachan. La ligne managériale, située entre le marteau et l'enclume, se trouve la première soumise au stress. Pôle Emploi a dénombré en 2009 une hausse impressionnante des arrêts maladie, ainsi qu'un suicide et quatre tentatives sur le lieu de travail.

On y retrouve, comme pour France Télécom, le plus mauvais des cocktails managériaux. « Ce mélange reprend le pire de chaque système.Les défauts de la bureaucratie et les tares du management privé, c'est l'horreur », témoigne Yamina, 40 ans, conseillère Pôle Emploi. Et puis, il y a ceux qui usent leur corps dans des activités physiquement éreintantes. Durant plusieurs mois, la journaliste Florence Aubenas a endossé le costume d'une travailleuse précaire. Elle s'est faite embaucher comme femme de ménage sur les Ferrys. Dans un livre magistral, *Le quai de Ouistreham*, elle relate le quotidien harassant de ces travailleurs de l'ombre au courage si lumineux.

Autre facteur de stress, l'organisation du travail. Dans de nombreux cas, les travailleurs stressés, dénoncent le fait qu'ils sont surchargés de travail, et surtout qu'ils manquent d'autonomie dans leur façon de pouvoir s'organiser au quotidien. C'est ce qu'ont reproché les salariés du teknopôle de Guyancourt à Renault, lors d'une étude réalisée par le cabinet Technologia après les suicides en 2004.

La mode de l'open-space qui existe depuis le tournant des années 1980 est également pointée du doigt comme facteur de stress. Les désagréments pour les employés qui y cohabitent tous les jours ont bien été décrits dans le livre d'Alexandre Des Iznard : *L'open space m'a tuer*. Le pire, c'est le système de « flex office » tel qu'il est pratiqué chez Alcatel. Chaque matin, les salariés prennent un poste au gré des places libres, avec obligation de le libérer le soir. Autrement dit, nul n'est certain d'avoir un bureau. Si on arrive trop tard, on va travailler dans une salle de réunion. Le fait de ne pas avoir de lieu à soi que l'on retrouve chaque jour génère un effet anxiogène très important.

Après avoir contrôlé le taux d'occupation des locaux, le géant de l'équipement a remplacé les bureaux par des open-spaces. « Cette ergonomie a pour mérite de faire en sorte que tout le monde côtoie tout le monde. Le but affiché était de faire communiquer les services en décloisonnant. On en avait oublié les effets pervers. Cette espèce de big brother collectif. Aucun temps de recueillement possible. On entend tout. Tout le monde épie tout le monde. C'est très stressant. Dans de telles entreprises, la noblesse, c'est d'avoir son propre bureau » témoigne Estelle, 42 ans, acheteuse chez AREVA.

Un arrêté de 2008 de la cour de cassation stipule qu'en matière de santé au travail, l'entreprise est désormais soumise à une obligation de résultats. En toutes circonstances, le DRH de l'entreprise c'est d'abord le patron. Comment ceux-ci ont-ils communiqué avec leurs managers depuis le début de la crise ?

### Crise et management par le stress

La crise est un amplificateur de stress pour les salariés. On a peur de se retrouver sur la touche. Même des entreprises qui font des milliards de bénéfices, licencient. Ce fut le cas de Total en 2009. Toutes les études prouvent que c'est dans les grands groupes que l'on dénombre le plus fort taux de travailleurs stressés. Les TPE, entreprises artisanales, par leur petite taille, la proximité avec les décideurs, leur nature familiale, sont plus épargnées par le stress. Une étude du cercle RH, menée en février 2009, a sondé cinq cent managers pour savoir si la crise avait accrû leurs difficultés de management. Soixante-trois pour cent d'entre eux répondirent par l'affirmative.

On leur a demandé quelles étaient les nouvelles difficultés générées par la crise : une baisse de la performance, une peur accrue au sein des équipes, un repli sur soi.

On les a questionné pour savoir si les directions avaient pris des mesures pour faire évoluer leur management. 79 % répondirent par la négative. Cette étude fut menée avant la médiatisation de la vague de suicides chez France Télécom. Les cadres se disent de plus en plus stressés par la cadence des déplacements. En temps de crise, on va chercher les clients de plus en plus loin. Les voyages aux longs cours se multiplient et les temps de repos, eux, raccourcissent. De plus, il faut tenir coûte que coûte ses objectifs individualisés. Ce système est devenu infernal dans certaines entreprises du CAC 40.

« Avant, nos objectifs étaient négociés en bonne intelligence. Aujourd'hui, certains d'entre eux ont perdu de leur sens et sont souvent juste imposés », déclare un cadre de chez Total. « Ce qui était efficace dans la société issue du taylorisme ne l'est plus ».

Pour être performant, le salarié n'a plus le temps d'échanger avec ses collègues, encore moins d'aider l'autre. Or, un des régulateurs les plus importants du stress est le support social, l'équipe, la solidarité entre les gens. La crise a démultiplié le culte de la performance, le management par objectifs personnalisés, la rémunération au mérite, les demandes de disponibilité maximale. Dans de nombreuses entreprises, elle semble bien avoir joué le rôle d'amplificateur du management noir. Pourquoi agissent-ils ainsi ? Parce qu'ils pensent qu'un employé stressé, mis sous pression, est un employé plus performant. Selon une étude canadienne, le stress n'augmente la performance que dans dix pour cent des cas. On voit combien le management noir est fondé sur des représentations erronées.

## Management noir et mondialisation

« Ce qui n'est pas une représentation mais une réalité, c'est que nos entreprises évoluent au cœur de la mondialisation », s'exclame Patrick, cinquante quatre ans, patron d'une PME de cinq-cents salariés, au cours d'un de nos débat participatif sur les causes du mal-être au travail. Elle a généré un stress qui fait que le chef d'entreprise se doit de toujours innover s'il ne veut pas crever. Il doit proposer de nouveaux produits.

Qu'est ce que la mondialisation ? Comme le dit l'économiste Daniel Cohen, dans son livre *La prospérité du vice*, c'est l'entrée dans le commerce mondial de pays comme la Chine, l'Inde, ou encore le Brésil. L'âge de la mondialisation c'est celui de la compétition universelle. La logique du benchmarking généralisée. C'est également six milliards de consommateurs, qui, en caricaturant à peine, consomment presque tous la même chose au même moment et regardent les mêmes publicités. C'est l'ère de la révolution technologique internet et multimédia qui favorise le présentéisme et la culture du « fais vite ». Cela change tout notre rapport à l'Histoire. Elle a considérablement accéléré la possibilité de faire du business. Une aubaine pour le capitalisme boursier. À présent, les transactions s'effectuent à la nanno seconde. On vend et l'on achète en un clic. Pour ce capitalisme-là, celui des actionnaires, des « edge founds » et autres boursicoteurs, le mal-être des salariés n'entre pas en ligne de compte.

Plus grave, ils se passeraient bien des salariés de l'ancien capitalisme. La mondialisation a tué des dizaines de métiers. S'il n'existe plus de cordonniers, c'est qu'il est plus rentable et plus rapide de racheter une paire de chaussure à dix euros fabriquée en Chine plutôt que de faire ressemeler sa vieille paire. Avant, ce qui valait c'était ce qui durait. Aujourd'hui, ce qui vaut, c'est ce qui est neuf.

La mondialisation tue également des emplois dans les vieilles puissances occidentales. Aujourd'hui, on est prompt à délocaliser pour des raisons de gains de productivité. Ces nouveaux paramètres de la financiarisation galopante au niveau planétaire pèsent lourdement sur le travail. Nous sommes tous enferrés dans des contradictions assez terribles. Nous sommes à la fois, citoyens, consommateurs et travailleurs.

Le système capitaliste fait de chacun de nous un hyperconsommateur. Il rêve de nous transformer en « addicts » et active à plein régime « la machine à désirs ». Cela commence dès le plus jeune âge. On fabrique des enfants zappeurs-consommateurs. « Les publicitaires, c'est comme les dealers. Ils attendent les enfants et les ados à la sortie des collèges et des lycées » pouvait-on lire dans le journal *La joie de vivre.*

De fait, le consommateur a des points communs avec le drogué. L'intérêt du dealer ? Que le junky ait besoin d'augmenter les doses et rapprocher les prises. Autrement dit, raccourcir le laps de temps entre deux consommations d'un même produit. Nous évoluons dans une société acquisitive et addictive.

Sur le plan moral, le citoyen a des nausées lorsqu'il observe les agissements de certaines entreprises en matière de gestion du personnel. Mais il continue à consommer les produits de cette entreprise. Une étude a été effectuée auprès des clients de la firme Wall Mart aux USA. C'est la plus grande entreprise de Grande Distribution au monde. Elle emploie deux millions et demi de salariés aux quatre coins de la planète. Elle a mis en place des pratiques managériales inhumaines. Ses employés sont soumis à des horaires insensés, surveillés H 24 par une « Bat Cave » située au siège, et sont payés avec un lance-pierre. Ces dernières années, des centaines de milliers de travailleurs attentèrent un procès à Wall Mart pour maltraitance.

Dans le même temps, cette enseigne pratique une politique de prix bas très attractive pour une clientèle popérisée par la crise. Que révèle l'enquête ? 89 % des clients interrogés répondent qu'ils réprouvent les méthodes de management de Wall Mart. Mais ils sont 92 % à déclarer qu'ils continueront à venir consommer dans leurs hypermarchés parce que les prix sont concurrenciels et qu'ainsi, ils font des économies. C'est ce que montre clairement l'ouvrage des journalistes Gilles Biassette et Lysiane J.baudu, *La menace Wall Mart, travailler plus pour gagner moins.* Quel danger courons-nous ? La wallmartisation de l'économie mondiale.

De fait, dans certaines circonstances, ne nous comportons-nous pas tous comme les clients de Wall Mart ? Combien de citoyens ont déploré les méthodes de management mises en place chez France Télécom, et combien de ces mêmes citoyens restent néanmoins clients Orange ? On nous dit que la croissance est la condition sine qua non de la création d'emplois. Cette même croissance est la cause du malaise dans le monde du travail, de la destruction de la planète, de la perte des valeurs éducatives, le ferment de ce nous appelions dans un précédent livre : *L'entrecrise.*

Qu'est ce que « l'entrecrise » ?

Un entrelac de crises : économique, financière, environnementale, éducative, politique. Une chose est sûre, ce contexte macro-économique constitue une des causes majeures du management noir. C'est donc aussi un problème politique.

## b) Un management de la terreur

Au management par le stress, vient souvent s'ajouter un management par la terreur. Étymologiquement, le mot « terreur » vient du latin *terrere* qui signife « effrayer ». L'objectif est de faire peur. Dès qu'il y a plusieurs humains, s'impose un décideur. La prise de pouvoir, dans notre cerveau archaïque, se fait toujours en suscitant la peur. En effet, notre cerveau reptilien ne fonctionne qu'à partir de trois registres de base : l'attaque, la fuite ou l'immobilisation. Ce sont ces trois comportements que nous retrouvons quand nous sommes stressés ou que l'on s'échine à nous faire peur, et que notre cerveau élaboré s'obscurcit.

« Dans notre entreprise, les salariés sont pétrifiés, ils n'osent plus s'exprimer », assure Christiane assistante de trente-huit ans dans la Grande Distribution. « Les managers sont des cerbères. Nous sommes terrorisés ». Il faut que tout le monde fonctionne au garde à vous, que les tâches, rôles et fonctions soient bien déterminées, que la rationnalité du système ne laisse rien au hasard. Ce système doit permettre le maximum de gains possibles. Pour maximiser leur potentiel, un grand nombre d'entreprises font appel à des cabinets de consultants anglossaxons, type Mac Kynsey qui leurs proposent des dispositifs de management et d'évaluation du personnel qui entraîneront des « restructurations » (le mot décent pour désigner les charettes de licenciements) destinées à permettre à l'entreprise de dégager du cash flow.

« Chez Swift, ils ont testé le système « lean ». Cela signifie « dégraisser » en anglais. Inspiré principalement du Toyota Production System, c'est un ensemble de concepts de bon sens, d'outils pratiques pour améliorer sans cesse, la productivité, la qualité et pour réduire les délais de tous les processus de l'entreprise. Concrètement, des consultants sont présents au quotidien dans les services, et nous proposent différents dispositifs. L'objectif est de dégager les moins performant à leurs yeux, ceux qui constituent les poids morts pour l'entreprise », assure Claire, 42 ans, assistante chez Swift depuis douze ans. C'est ainsi qu'une entreprise devient « lean and mean », allégée et méchante. Leurs pratiques reposent sur un management de la terreur qui fait peur aux salariés. Ils se demandent chaque jour à quelle sauce ils vont être mangés.

Autre moyen de pratiquer un management par la terreur, c'est la logique du « FNAO » : Failure is not an option. L'erreur n'est pas une option. Autrement dit, un salarié n'a jamais le droit de commettre une faute. C'est la NASA qui a mis cette technique sur pieds dans les années 1970. Les croyances des fondateurs de cette pratique étaient que les salariés, tendus vers la perfection, donneraient le meilleur d'eux-mêmes et que l'entreprise réaliserait des gains de temps et d'argent.Tolérance zéro ! La « FNAO... bsession » ! Cela met une pression terrible sur les collaborateurs.

Dans la foulée de la NASA, des kyrielles d'entreprises américaines utilisèrent ce process de management. L'erreur n'est pas tolérée. Pire, quand un employé détecte une erreur, il a le devoir de la signaler. Il se doit également de désigner quel collaborateur a commis cet impair. Il sera récompensé pour une telle action. « J'ai travaillé dans ce type de boite, témoigne Jean, 54 ans, ingénieur informatique. J'étais chez CISCO en Californie. Vous ne pouvez imaginer quel climat délétère cela génère. On vit dans un sentiment de paranoïa continuel. Tout le monde peut devenir votre ennemi. Des gens de votre propre entreprise ! De votre propre équipe ! Votre voisin de bureau ! D'office, tu n'oses plus rien faire. Cela tue toute créativité, l'esprit d'initiative est figé. » Il faut « driller » les gens pour atteindre des objectifs toujours plus imposants. Le verbe « to drill », signifie entraînement, au sens militaire du terme : Faire pratiquer de l'exercice physique à ses hommes, manœuvrer ses soldats. C'est toute la connotation « dressage » de la discipline qui s'exprime au travers du management de la terreur. Que cela porte atteinte à l'intégrité mentale du salarié, c'est le cadet de leurs soucis. Dans les structures où sévit un tel management, on remarque souvent que les salariés se parent d'un mutisme extravagant mais compréhensible. C'est la loi de l'omerta.

Elle consiste à faire le mort et à ne rien dire de ce que l'on sait, ni de ce qu'on a vu ou entendu. Ces entreprises fonctionnent « à la Corse ». Le système est ficelé pour effrayer le salarié. Il ne dénoncera rien par peur des représailles. Nous l'avons souligné : le management de la terreur joue sur les peurs. Il les active, les attise et élabore ses stratégies pour que les individus soient pris dedans comme dans une toile d'araignée. Cela génère une violence terrible.

On distingue deux catégories de violences : La violence du tigre, de type yang. Elle fait du bruit, se manifeste par des coups et des hurlements. Une violence masculine, qui s'entend et se voit aisément, elle se remarque facilement. Et une violence arachnéenne, de type yin, celle de l'araignée qui tisse sa toile, en silence, et petit à petit vous étouffe. Cette violence, plus féminine, se perçoit moins au premier regard, mais elle s'avère tout aussi dévastatrice. L'idée est de se débarasser des gêneurs. Dans une telle entreprise, soit vous rentrez dans le moule et vous restez, soit vous dégagez. En la matière tous les moyens sont bons pour vous pousser sournoisement vers la sortie. On peut, par exemple, ternir votre image en colporant des rumeurs, en montant une cabale contre vous. Tout cela permettra de vous isoler. Les managers terrorisant sont capables d'aller très loin dans la guerre psychologique. Pour eux, la fin justifie les moyens.

Depuis 2002, un petit opuscule sur le management par la terreur d'une trentaine de pages circule sur Internet. Il est signé Sylvain Cascarino. Cet homme n'est pas un dangereux révolutionnaire, mais un ancien cadre de chez Arthur Andersen qui a connu ces agissements de l'intérieur. Il nous présente l'idéal type du management de la terreur. L'ouvrage comporte dix leçons qui détaillent les mille et une façon de créer l'illusion d'une entreprise conviviale et moderne en mettant tout à profit pour tirer des gens qui y travaillent un maximum d'engagement pour faire fructifier un centre de profit. De l'image de l'entreprise à l'illusion des rapports qui s'y sont établis, tout est mis en œuvre pour asservir l'employé. Ce dernier est pris au piège d'une organisation de type stalinien qui tait son nom, grâce à la compétition entre les collaborateurs et une dévalorisation psychologique permanente.

« Après une période d'euphorie, tout salarié normalement constitué s'aperçoit de la supercherie, de l'illusion des rapports, mais il comprend vite que cette illusion ne peut être dénoncée car tout a été mis en place pour établir une certaine loi du silence qui devient la règle tacite principale », affirme l'auteur. Tout a été mis au point pour l'attirer dans le piège, mais le naïf qui s'y laisse prendre comprend ensuite qu'un recrutement pléthorique est destiné à ne conserver que les plus productifs, les plus disciplinés, les mieux impliqués dans le système qui est assigné à tous les collaborateurs.

« L'organisation doit être structurée de telle manière que l'individu ait un rôle étroit bien défini au sein de l'édifice », affirme l'auteur du manuel. En répartissant, puis en multipliant les tâches, en mettant les employés récalcitrants au placard, en proposant des séminaires et des réunions pour tester la motivation des membres d'un groupe, le management parvient à le contrôler complètement.

« L'objectif est de créer un climat où tout le monde s'observe, se surveille, où chacun limite l'autre et donc le contrôle : il faut créer un véritable esprit latent de paranoïa de chacun envers les autres, de chacun contre le système ». C'est ainsi que Cascarino définit l'esprit « corporate » ou « maison » : « Les gens doivent se sentir menacés par leur voisin, qui n'hésitera pas à les sacrifier pour monter dans la hiérarchie ».

« J'ai bien connu ce système des « corporate values », comme disaient nos managers », assure Christine, 34 ans, ancienne cadre commerciale chez Siemens à Munich.

« Chaque mois, au cours de réunions, nos managers nous demandaient de décliner oralement les dix valeurs de Siemens. J'avais l'impression d'être un petit mouton. De fait, c'était du panurgisme. Et moi la dedans, me demandais-je ? Mes valeurs propres ont-elles une place ? À la vérité, ils s'en fichaient. Je crois même que certaines d'entre elles, les dérangaient ».

Par sa lucidité, sa clairvoyance et son côté généreusement transmetteur, cet opuscule de Sylvain Cascarino est destiné à devenir aussi célèbre que *L'insurrection qui vient*.
S'il existe une famille de salariés qui comprend clairement en quoi consistent toutes ces pratiques de management noir, c'est bien celle d'Orange.

Dans sa très précieuse enquête, *Orange stressée*, parue en 2009, l'auteur Yvan Duroy décrit parfaitement la descente aux enfers de ces travailleurs, ballotés, stressés, dévalorisés. Il décrit la stratégie des cost killers, les réducteurs de coût. Il est loin le temps où travailler aux PTT était envié par tout le monde, comme un privilège, parce que les initiales « PTT » désignaient un « Petit Travail Tranquille ».

France Télécom, un groupe de plus de cent-vingt-mille personnes, au sein duquel l'ancien PDG, Didier Lombard, eut pour tâche de faire partir un salarié sur cinq en deux ans. Les réducteurs de coûts sont des réducteurs de têtes. L'intérêt du travail d'Yvan Du Roy est de nous montrer que les responsabilités sont partagées et que les décisions viennent de la période de privatisation de l'entreprise, découlant de décisions politiques. La parenthèse Thierry Breton fut celle qui plaça les fondements de cette logique d'hécatombe.Mais c'est durant la période Lombard que les suicides se sont démultipliés.

Quel savoir-faire ont-ils mis en place ? Maintenir les équipes sous tension et terroriser les salariés. Tout est bon pour faire de France Télécom une machine à Cash. Un cost killer est sans scrupule et ne venez pas lui parler d'humanisme. Il vous dira que si ce n'est pas lui qui s'y colle, un autre le fera à sa place. On peut lui rétorquer qu'il a toujours le choix et que s'il refuse de se prêter au jeu, nul ne pourra lui incomber la responsabilité de ces méfaits. Il restera sourd à ces arguments.

Le monde selon Orange ? Être prêt à la mobilité. « Ils veulent nous faire partir coûte que coûte. Surtout ceux qui ont encore le statut de fonctionnaires. Ils coûtent cher à l'entreprise, souligne Évelyne, 54 ans, depuis trente deux ans chez France Télécom .J'ai tout connu. France Télécom était une belle entreprise. On était fier d'y travailler. Et puis, avec la privatisation, tout s'est dégradé. Quand vous savez qu'un ingénieur, haut potentiel, est envoyé sur une plate forme d'appel pour faire du commercial. Non seulement, il n'a pas le savoir faire, mais il s'agit d'un déclassement ! Comment voulez-vous que cela ne joue pas sur son moral et que son image de soi ne reste intacte ? » C'est ainsi que l'on en vient à des extrémités.

En octobre 2009, Yonnel Dervien se plante un coup de couteau dans le ventre en pleine réunion, face à ses collègues médusés. Longtemps, l'entreprise a joué la carte du déni vis-à-vis des suicides. Il ne s'agissait pas de problèmatiques professionnelles, les suicidés étaient des personnes fragiles, qui vivaient des situations privées compliquées. Face à l'augmentation de la fréquence, trente cinq en dix huit mois, cette position ne fut plus tenable. Les médias se sont emparés de l'événement. Depuis plusieurs années, les syndicats, SUD en tête, tiraient la sonnette d'alarme. Ils ont même créé un observatoire du stress en 2006. Peine perdue. C'était donc prévisible, quasiment planifié. Savoir pour prévoir, prévoir pour pouvoir, c'est une des aptitudes d'un bon dirigeant.

Le 9 avril 2010, le parquet de Paris a délivré un réquisitoire introductif en vue d'ouvrir une enquête confiée à un juge d'instruction sur les suicides à France Télécom. Cela constitue une grande première dans l'histoire de la justice française. C'est ce qu'indiquait maître Teissonnière, avocat du syndicat SUD. L'organisation avait déposé plainte pour harcèlement et mise en danger de la vie d'autrui. Cet événement judiciaire fait suite à un rapport de quatre-vingt-deux pages rédigé par Sylvie Catala, inspectrice du travail, remis au parquet de Paris le quatre février 2010. Elle y dénonce les pratiques de harcèlement moral. Elle y évoque de possibles infractions pour « mise en danger d'autrui du fait de la mise en œuvre d'organisations du travail de nature à porter des atteintes graves à la santé des travailleurs ».

L'inspectrice pointe notamment « la politique de réorganisation et de management » menée depuis 2006 et souligne que les dirigeants de France Télécom ont été alertés à maintes reprises des effets produits sur la santé des travailleurs. On se souvient de ces médecins du travail chez France Télécom, qui, voyant défiler dans leurs cabinets toujours plus de travailleurs en souffrance, envoyèrent de nombreuses requêtes à la direction. Peine perdue. Certaines d'entre elles décidèrent de démissionner de leur poste en novembre 2009. Le rapport met en cause les haut dirigeants, dont l'ancien PDG Didier Lombard. L'avocat de SUD, va même juqu'à évoquer une nouvelle forme de délinquance, une organisation du travail pathogène. « Ceux qui ont pris ce risque doivent répondre de leurs choix devant la justice » affirme t-il.

De fait, il s'agit de stratégies assassines et comment qualifier des êtres qui déterminent et mettent en place de telles stratégies ? Au travail, « il n'y a jamais de suicides, il n'y a que des meurtres », affirmait Elsa Triolet.

### c) Les manifestations de la basse qualité relationnelle

En matière de communication, le management noir, très centralisé et directif, ressenti comme dur, intransigeant, inhumain, laisse peu de place au dialogue et au débat. Mâtiné de « Stress » et de « Terreur », ce « S.E.T management » s'appuie sur la Basse Qualité Relationnelle (BQR).

Qu'est ce que la Basse Qualité Relationnelle ? Le pendant de la Haute Qualité Relationnelle. Dans un ouvrage précédent, nous avons détaillé tous les outils de la communication Haute

Qualité Relationnelle. Ils permettent d'éduquer sa manière de communiquer afin de ne pas s'envoyer de messages toxiques.

À présent, nous allons nous employer à décrypter comment le management noir s'appuie sur une communication à dominante basse qualité relationnelle au quotidien. De janvier à avril 2010, notre collectif éducatif COUP DE JEUNE a réalisé une étude auprès de neuf cent salariés des secteurs privés et publics au sujet de la relation qu'ils estiment entretenir avec leurs managers. Nous leur avons posé deux questions :

– Comment qualifieriez-vous la relation que vous entretenez avec vos managers ? Le terme relation vient du mot latin *relatio* qui signifie relater. Une relation c'est d'abord une histoire que l'on se raconte mutuellement. Nous en sommes co-créateur, co-garant et co-responsable.
– Comment définiriez-vous le mode de management qui s'exerce sur vous au quotidien ?

Voici quelques une des réponses qui nous parurent les plus éclairantes :

« Je dirais que je vis avec mon manager une relation de défiance », affirme Anne, trente-sept ans, assistante à la BNP. « Il ne me fait jamais confiance, me cache des choses et nous ne travaillons pas en bonne harmonie ».

« Moi aussi je vis une relation toxique avec mon manager, nous assure Yohann, 24 ans, commercial dans la Grande Distribution. Il prend un malin plaisir à m'humilier face à mes collègues en réunion. Mes objectifs ne sont jamais satisfaisants. Cette relation toxique me prend la tête, m'envahit à tel point que j'y pense même le week-end et que je retourne au travail le lundi matin l'angoisse au ventre. »

Toute relation toxique est une relation d'emprise. Selon la psychiatrie, on dénote une gradation sur trois niveaux.
Le premier niveau, c'est l'autoritarisme, une personne se met en colère, crie, vocifère et vous terrorise avec une voix et une

posture délibérément effrayantes. Le second niveau, c'est le comportement dictatorial. Un manager joue au dictateur plusieurs fois dans la journée, par intermittence. Entre deux crises, il peut se montrer sympathique, voire charmant, tout en ayant oublié qu'il fut désagréable une heure auparavent. Le troisième et dernier degré de la relation d'emprise c'est le comportement sadique. Le manager fait mal à ses collaborateurs, il en est conscient, et il jouit de leur infliger pareil traitement.

« La description de ce type de relation me parle profondément. Elle m'évoque mon ancien manager qui était un vrai gueulard. Notre relation avait bien commencée. C'était grand soleil. Puis, jour après jour, elle s'est dégradée car je supportais de moins en moins ses sautes d'humeur. Elles me fatiguaient les nerfs. Je ne disais rien car j'étais sous son emprise. Je dirais que je vivais une relation qui s'est délabrée », témoigne Patricia, quarante trois ans, comptable depuis vingt ans chez Decaux.

Certains employés subissent de telles relations toxiques en estimant que c'est la normalité. Une étude menée en 2006 par des psychologues de l'université de Palo Alto a démontré que six personnes sur dix jugeaient normal qu'un supérieur hiérarchique passe ses colères sur un des membres de son équipe. Ce résultat édifiant explique pourquoi nous avons souvent, dans nos quotidiens professionnels, la sensation de vivre au Moyen Âge Relationnel.

« Je travaille depuis vingt ans dans la même mairie, et je vis une relation d'emprise avec ma directrice générale des services qui est une vraie harpie. Je ne parviens pas à m'en extirper », assure Anne Laure, 37 ans, au bord des larmes. « Elle a mené à la dépression une vingtaine de mes collègues ».

« Depuis que je travaille en préfecture, j'ai souvent vécu des relations ternes, insignifiantes et soporifiques avec mes managers » estime Antoine, 52 ans, cadre à la préfecture du Val d'Oise.

« Je vais vous paraître à l'opposé de tout ceci mais je vis avec mes managers une relation constructive et harmonieuse », nous dit Audrey 31 ans, assistante dans une TPE.

« C'est pareil pour moi », enchaine Philippe, 37 ans, directeur commercial dans une petite structure informatique. « Je dirais que c'est une relation ensoleillée ».

D'une manière générale, notre étude corrobore le fait que les relations sont souvent plus toxiques dans les grands groupes que dans les PME. Au final, 68 % des personnes enquêtées se déclarent globalement insatisfaites de leur relation avec leur(s) managers contre 32 % qui les estiment satisfaisantes. Elles ne sont que 11 % à en être très satisfaites. Cette étude, couplée avec de nombreux débats participatifs portant sur la question des relations au sein de l'entreprise, nous a permis de dégager sept attitudes recurrentes en matière de basse qualité relationnelle : Un manager BQR, fait preuve de Fermeture, d'Irrespect, de Rejet, de Rigidité, de Méchanceté, d'Irritabilité et de Surdité. Ce sont les septs clés noires du trousseau FIRRMIS. Elles sont utilisées à de multiples reprises dans une entreprise où la communication est à dominante Basse Qualité Relationnelle.

« Dans mon entreprise, il existe une prime à la méchanceté » nous dit Sabine, 37 ans, cadre commerciale chez Decaux. « Si tu ne te montres pas méchant, tu ne grimpes pas dans l'organigramme ».

Pourquoi le méchant a-t-il autant de succès en entreprise ? Dans son ouvrage paru en 2007, *Objectif zéro sale con*, Robert Sutton professeur de Management à l'université de Stanford, donne une réponse à cette question :

« Le méchant fait peur, il est transgressif, ne se sent jamais coupable et permet d'expier ».

Sutton étudie ce qu'il appelle « La saleconitude en entreprise » et la façon dont elle se propage. Il pointe du doigt la responsabilité des dirigeants de l'entreprise en la matière et notamment du Boss : « Un sale con aura tendance à s'entourer de sales cons », écrit-il.

Le méchant tient des propos qui font mal. Il est le chantre de la Basse Qualité Relationnelle. Celle-ci se diffuse par des messages. Dans notre méthode de communication contre violente, nous les appelons, les TOXICOMS.

Il existe cinq familles de Toxicoms :

1. Les messages de dévalorisation :

Mon directeur dévalorise mon travail continuellement, même quand je sais que j'ai fait du bon boulot. « Sandra, votre travail c'est de la merde, votre dossier n'est pas bien ficelé, votre fiche est présentée n'importe comment, c'est du ni fait ni à faire ». Parfois, ce n'est pas la production du salarié qui est dévalorisée, mais la personne elle-même. « Dans mon ancien job, j'avais un manager qui prenait un malin plaisir à me dire, en public que j'étais un nul, un bon à rien », témoigne Gilles, 31 ans, ex commercial chez SFR. On rentre le soir plombé. Ne confondons pas, critiques fondées, rationnelles et normales et messages de dévalorisation. Ces derniers sont subjectifs, infondés, répétitifs et alimentent une relation d'emprise.
Une des lois du management Haute Qualité Relationnelle stipule que l'on doit blâmer en privé et féliciter en public. Les adeptes du management noir y dérogent allègrement.

2. Les messages de culpabilisation :

Ils manifestent souvent la logique du « qui veut noyer son chien l'accuse d'avoir la rage ».

« Si nous n'avons pas décroché ce contrat, c'est de votre faute Sylvie », me disait souvent mon ancien directeur.

« C'est vous qui nous avez plantés avec votre lenteur Jean Claude ».

La liste est longue de ces toxicoms que l'on entend à longueur de journée dans les entreprises.

3. Les messages de chantage :

En voici quelques exemples. « Si vous souhaitez prendre vos congés à cette date, vous feriez bien d'accepter de travailler jusqu'à 19 heures jeudi et vendredi Sylviane. Si vous voulez une augmentation, travaillez moi ces trois dossiers supplémentaires, même s'ils ne sont pas dans vos attributions ».

4. Les messages de menaces :

« Je serai sur votre dos comme la tique sur le chien », nous disait notre manager, s'exclame Elsa, employée chez Aéroport de Paris.

« Dès que vos collègues ont le dos tourné, je vous massacre la tête, me menaçait mon manager », assure Gilles, employé dans un garage.

« Les injonctions, ordres proférés d'une façon agressive :

Mon directeur ne pouvait pas donner de directives sans hurler. C'était continuellement des vociférations. Il ponctuait souvent par « et vite fait ». La logique du TTU (Très Très Urgent), je l'avais dans les tympans toute la journée ».

5. Les postures d'indifférence :

Certaines directions donnent l'ordre à leur équipe managériale, de pratiquer l'indifférence avec leurs équipes. Il s'agit de ne pas dire bonjour, de les ignorer quand on les croise dans les couloirs. Ces postures non verbales de mépris, font des dégâts. Ce sont des toxicoms efficaces et écoeurant. N'oublions jamais qu'une certaine forme d'indifférence est la porte ouverte à la haine. Penchons-nous à présent sur les conséquences de telles pratiques au sein des entreprises adeptes d'un management toxique.

### d) Les dégats du management noir

Le management noir fait de nombreux dégâts. Selon l'INRS (Institut National de Recherche et de Sécurité), le stress qu'il génère a causé quatre-cent- mille maladies et près de trois millions et demi de journées d'arrêt maladie en 2009. Le coût social estimé s'élève entre 1, 2 et deux milliards d'euros. Cela représente 4 % du Produit Intérieur Brut.

De l'autre côté de l'Atlantique, Robert Sutton, a calculé le coût total des sales cons (CTSC) en entreprise. Pour une entreprise de mille salariés, il l'évalue à un million de dollars par an. Dans ces structures, les salariés souffrent de mobbing au travail. C'est le docteur Leymann, un psychologue suédois, qui a introduit cette expression. Le terme vient du verbe anglais « to mob » qui signifie « assaillir », « attaquer », « houspiller ». Le mobbing peut ainsi être décrit comme le harcèlement systématique d'une personne dans l'exercice de son travail. Il vise à l'exclusion de l'autre. Il définit l'enchaînement, sur une longue période, de propos ou d'agissements hostiles, exprimés et manifestés par une ou plusieurs personnes envers une tierce personne transformée en cible. Leymann a répertorié dans trois cents interviews, quarante cinq agissements récurrents regroupés en cinq familles :

– Empêcher la victime de s'exprimer.
– Isoler la victime.
– Déconsidérer la victime auprès de ses collègues.
– Discréditer la victime dans son travail.
– Compromettre la santé de la victime.

En France, selon une étude IPSOS, un travailleur sur trois s'est déjà senti victime de harcèlement au cours de sa vie professionnelle. Le terme vient de l'ancien français « herceler », qui, au sens figuré, signifie « tourmenter ».

Trois acteurs co-produisent le processus de harcèlement : le harceleur, sa proie et l'institution, (le contexte de l'entreprise, sa structure, ses imaginaires, ses règles).

Qui sont les harceleurs ? Selon des études cliniques récentes, menées par le biais d'études de questionnaires et d'entretiens individuels, ces derniers sont le plus souvent des supérieurs hiérarchiques de sexe masculin. Ils présentent certains traits psychologiques, notamment une faible dimension d'agréabilité. Cette dernière est une des cinq grandes dimensions de la personnalité. Les victimes, quant à elles, occupent le plus souvent un poste subalterne. Ce sont le plus souvent des femmes (plus de 70 % dans la plupart des enquêtes). Est-ce parce que les hommes reconnaissent moins facilement leur statut de harcelés ?

Les secteurs d'activité les plus touchés sont l'administration, la santé, l'éducation et le secteur social. Plusieurs enquêtes ont révélées que les victimes de harcèlement réunissent en général quelques caractéristiques telles que la timidité, une faible estime de soi, un sentiment de faible auto-efficacité (« je ne vais pas m'en sortir »), de l'instabilité émotionnelle ou encore un caractère lymphatique, marqué par la passivité. Plus étonnant, certaines personnes peuvent se distinguer par leur jeunesse ou leur beauté. Dans pareil cas, c'est l'envie ou la jalousie qui serait facteur déclenchant chez le harceleur. Dans une série d'études réalisées en 2003, le professeur en psychologie S. Einarsen a identifié avec son équipe de chercheurs trois types de harcèlement.

Le premier type est lié à la protection de l'estime de soi. Dans ce cas, un individu possédant une forte estime de soi, confinant au narcissisme maladif, peut sentir son ego menacé de plusieurs façons. Par exemple par une personne plus jeune ou plus qualifiée, voire plus attirante physiquement.

Une seconde forme de harcèlement moral est liée au manque de compétences sociales du harceleur. C'est le cas de personnes ayant un très mauvais contrôle de leurs émotions, de supérieurs qui se libèrent régulièrement de leur stress ou de leurs frustrations sur l'un de leurs subordonnés, sans avoir toujours conscience de la manière dont leurs actes affectent autrui.

Enfin, le harcèlement peut aussi être dû à une logique de comportements micro- politiques dans les institutions.

Le management noir, terreau fertile du harcèlement :

La montée du management noir s'est accompagnée du déclin de certaines valeurs, comme la solidarité, le civisme, la franchise, au profit de valeurs comme la compétitivité, l'individualisme, la performance. Souvent, l'entourage reste passif en vertu du fait que, ce qui compte, ce sont les objectifs chiffrés. « L'entreprise n'est pas le lieu du bien être ». Ces croyances sont véhiculées par de nombreux dirigeants. Il existe également le phénomène du bouc émissaire bien décrit par René Girard. Or, les contextes professionnels soumis à une forte pression de la hiérarchie, à des impératifs de rendement drastiques, à un stress lié à la répétitivité et aux délais, sécrètent un potentiel d'agression qui a tendance à se cristaliser sur une personne. Pourquoi l'entourage se tait-il bien souvent ? Pour de multiples raisons : Souvent par peur. Parfois, parce qu'il croit la victime responsable de son sort. C'est l'effet « elle l'a un peu cherché ». On banalise le mal.

Enfin, cela s'explique par le mécanisme de rationnalisation. Ce phénomène fut expliqué par le psychologue américain Léon festinger et sa théorie de la dissonance cognitive. Selon cette théorie, des personnes soumises à des situations contraires à leurs convictions finissent par modifier leurs convictions pour éviter un conflit entre leurs opinions et leurs actes.
C'est très bien décrit dans le film *Violence des échanges en milieu tempéré.*

Les racines scientifiques du management noir, proviennent d'expériences effectuées dans les années trente aux

USA sur des souris et des rats. Les chercheurs se sont rendus compte qu'une souris que l'on sèvre durant plusieurs jours de nourriture et que l'on nourrit quand elle est parvenue à effectuer une tâche, se montre plus productive qu'une autre bien nourrie.

Mais à quel prix ? Les souris sevrées sont cinq fois plus stressées que les secondes et ont une espérance de vie moins longue de deux ans.

Le management commercial joue à la carotte et au baton en continuant à se fier à ces conclusions. C'est le phénomène des primes, de la part variable du salaire vis-à-vis de la part fixe. Du temps des premières recherches sur la motivation, dans les années 1930, on plaçait des rats dans des labyrinthes. On avait découvert que pour que les animaux apprennent plus, il fallait créer un besoin. On mettait les rats à la diète. Puis on leur donnait une récompense. On plaçait une boulette de nourriture au bout du labyrinthe, qu'ils pouvaient manger quand ils étaient parvenus à trouver la sortie. Mais il n'y avait pas toujours de boulette.

Néanmoins, en 1942, un psychologue du nom de Crespi a découvert que l'effet de la récompense était très relatif, et que si l'on habituait les rats à des récompenses importantes, ils étaient ensuite incapables de se motiver si la récompense diminuait. On l'appelle l'effet Crespi.

Chez les humains, l'effet Crespi est amplifié par nos capacités mentales qui nous font anticiper les récompenses. L'exemple typique étant celui des stars blasées, qui demandent « qu'on leur donne l'envie d'avoir envie ».

Le management noir vit toujours sur ces croyances, et génère souvent un harcèlement sans vergogne poussé par des logiques quantophrènes. Tout cela n'a pas fait remonter la côte d'amour des entreprises dans le coeur des salariés.

## Crise du sentiment d'appartenance

À l'inverse, on assiste à une crise du sentiment d'appartenance au sein d'un grand nombre de sociétés.
Le sentiment d'appartenance se définit comme le fait pour un individu de se considérer comme faisant partie intégrante d'un groupe ou d'un ensemble social. Il mesure ainsi l'attachement et la reconnaissance ressentis par un groupe d'individus à l'égard d'une institution, particulièrement pour le projet qui la fédère. Au niveau de l'entreprise, le sentiment d'appartenance concerne l'adhésion partagée de ses salariés à ses objectifs, à ses méthodes ou modes de fonctionnement organisationnel mais aussi à ses valeurs. Ce phénomène de désengagement d'un grand nombre de salariés, l'entreprise EADS en a pris conscience suite aux résultats d'une enquête menée en octobre 2009 auprès de ses cent vingt mille salariés. L'enjeu était de leur demander s'ils se sentaient impliqués au travail. Plus de 70 % des salariés du groupe répondirent au questionnaire proposé par GALLUP. Le bilan fut sans appel. Quatre salariés sur cinq ne se sentent pas impliqués.

Le constat traduisait une grave crise de confiance des équipes vis-à-vis de leurs managers, jugés trop préoccupés par les projets et les résultats, pas assez par l'encadrement de proximité. Le sentiment d'appartenance au groupe était battu en brêche. Le PDG Louis Gallois s'est dit catastrophé par de tels résultats : « Vous avez envoyé des messages forts au management, sachez que je les ai entendus », leur a-t-il écrit. Les salariés souffrent d'un manque quasi général de reconnaissance. Leur contribution n'est pas valorisée. La progression hiérarchique est perçue comme très difficile. Les idées neuves ne remontent plus.

L'enquête, baptisée « Engagement Survey » avait été décidée en 2008. Face à ce malaise, le comité exécutif a dressé des plans d'action à destination des quatre- mille- quatre-cents managers concernés. Une vingtaine de formateurs ont déjà été dépêchés chez AIRBUS à plein temps. La crise des ces derniers mois n'améliore pas les choses. Les deux solutions principales proposées par les managers pour mieux gérer le management en période de crise sont, d'une part une plus grande transparence de la stratégie des entreprises, et d'autre part un management de proximité afin d'être plus proche des équipes. Ces dernières traversent une période anxiogène.

## Crise du sentiment de motivation

Au cours de nos sessions de formations, nous croisons de plus en plus de salariés démotivés. Les pratiques de management noir produisent quatre effets toxiques principaux au sein de l'entreprise :

Une rotation plus importante du personnel.

Une perte de concentration ainsi qu'un fléchissement de la performance individuelle.

Un fort taux d'absentéisme.

Enfin, une motivation en baisse et déclinante chaque jour.

La crise fait bondir l'absentéisme au travail. Selon le second baromètre de l'absentéisme d'Alma Consulting group présenté en début d'année, ce taux s'est inscrit l'an dernier à 17,8 jours d'absence en moyenne par salarié. En une année, ce taux a progressé de plus d'un point. 61 % des DRH ont observé un impact de la crise sur le taux d'absentéisme dans leur entreprise. Selon eux, les principaux facteurs d'absentéisme sont dus à la démotivation des salariés (25 %), à leur faible implication dans leur travail (22 %) au faible sentiment d'appartenance à l'organisation (13 %), aux problèmes relationnels avec la hiérarchie et les collègues (11 %) et au manque d'attention de l'encadrement aux problèmatiques RH (9 %). C'est dans les secteurs des services et de la santé que l'absentéisme est le plus élevé. Cette enquête fut réalisée auprès de deux-cents entreprises, organismes publics ou encore établissements hospitaliers. Des salariés démotivés, c'est un potentiel non exploité. C'est ce que prouve une enquête du cabinet Tower Perrin, spécialisé en conseils en gestion des ressources humaines, rendue publique début 2010. Leur étude, nommée « Global workforce » fut réalisée dans dix huit pays. Le constat est édifiant : seul un salarié sur dix serait motivé au travail au sein de l'Union Européenne.

Certes, 47 % des sondés se déclarent engagés dans leur pratique professionnelle. Ils font leur travail mais n'y sont pas émotionnellement liés. Dès lors, ils ne sont pas prêts à réellement s'investir davantage. En outre, 31 % des répondants se disent démotivés et 9 % littéralement désabusés. Il existerait ce que les analystes de l'enquête nomment « un engagement gap » : Un écart entre les efforts fournis par certaines personnes pour s'investir plus, et le non écho des encadrants voire une indifférence manifeste. Ce gap est très clairement perçu par un grand nombre de salariés et terriblement mal vécu.

Quelles sont les conséquences d'une telle crise du sentiment de motivation dans les entreprises européennes ? L'enquête explicite clairement que les employeurs qui parviennent à motiver leurs employés en tirent toujours des bénéfices financiers conséquents. Une corrélation directe a été constatée entre le niveau d'engagement des salariés dans leur travail et les résultats financiers de l'entreprise. L'augmentation du résultat d'exploitation serait de 19 % en moyenne par an pour les entreprises où l'engagement des salariés est le plus haut. Towers Perrin en tire la conclusion suivante : « On ne saurait sous-estimer l'importance d'une main d'œuvre motivée de nos jours. Cette enquête démontre qu'à une époque où la concurrence entre les entreprises est effrénée, leur propre main d'œuvre représente un potentiel majeur inexploité ».

À l'inverse du sport, par exemple, où la motivation des pratiquants est souvent exceptionnelle, l'entreprise échoue de plus en plus à développer en son sein cette mentalité qui pousse à « mouiller le maillot », à se donner à 200 %. Depuis le début de la crise, le climat social qui règne dans les entreprises a renforcé ce sentiment de démotivation. L'enquête annuelle de la CEGOS réalisée en octobre 2009 nous l'a révélé. Effectuée auprès de deux mille salariés, elle a dressé un tableau plutôt sombre des relations entre managers et salariés. Ils ne sont plus que 51 % à avoir confiance en leur manager, et seulement 31 % à estimer que leur direction est attentive au climat social.

Tels sont les affres du management noir. La question du manque de reconnaissance est au cœur des préoccupations des salariés. À peine 40 % s'estiment reconnus dans leur travail.
Au sujet de l'entretien annuel, ils sont moins de la moitié à le considérer comme une occasion d'avoir un dialogue constructif avec leur manager. À management noir, dialogue terne. Seuls 45 % des subordonnés jugent l'encadrement équitable avec les membres de leur équipe.

« Le management ne sait plus où il en est. À ce stade, c'est au patron de réagir, de donner des perspectives et de montrer l'exemple », estime Jacques Coquerel, responsable de la CEGOS.

Conséquence de ce manque de reconnaissance, les enquêtés, pour un tiers d'entre eux, lèvent le pieds en terme de rythme et d'intensité. Une démotivation mal venue pour les entreprises, au moment où la crise économique perdure. Entre salariés et employeurs, c'est la crise de confiance.

En novembre 2009, un sondage TNS SOFRES ALTEDIA publié dans *Les échos*, révélait que six salariés sur dix se défiaient de leurs dirigeants. Le secteur public s'en sort encore moins bien que le privé. Dans les entreprises privées, 42 % des salariés déclarent avoir confiance en leurs dirigeants. Ils sont à peine 29 % dans l'administration.

Plus grave, seuls 12 % des agents estiment vivre une relation de qualité avec leur administration. Ils sont 29 % dans le privé. Seules les très petites entreprises font exception. Dans ce type de structure, deux salariés sur trois estiment que les intérêts des dirigeants et des salariés vont dans le même sens. À la question, « dans votre entreprise, entre ce que vous apportez et ce que vous reçevez en retour, avez-vous le sentiment d'être plutôt perdant ou gagnant », ils sont 60 % à se sentir perdants. Bref, une majorité de salariés français s'estime lésée dans sa relation au travail.

## Le cycle de démotivation

Nous partons du constat très largement partagé, que neuf salariés sur dix débutent leur activité professionnelle en étant motivés. Parmi ceux-ci, certains sont même très motivés, d'autres sur-motivés. Il existe même, comme pour les histoires d'amour, un effet « lune de miel » entre un salarié et son institution. Ce n'est qu'après quelques jours, semaines, mois, voire années que la situation de dégrade. Vient le moment où le salarié entre en « cycle de démotivation » (CDD). Cela commence toujours par un événement déclencheur, un changement dans son quotidien professionnel. Cet événement est vécu comme un problème par le salarié. Il a pu en traverser de nombreux autres avant celui-ci. Il a trouvé la parade, il les a « digérés ». Cela a pu l'attrister, intoxiquer sa relation à son entreprise (univers macro-relationnel) ou à son manager (univers micro-relationnel). Mais cette fois, le salarié entre en cycle de démotivation.

Prenons le cas de Gilles Rivière qui s'était fixé un objectif d'évolution de carrière bien précis au sein de son entreprise. Pour l'atteindre, il avait développé des comportements constructifs : il s'était informé, formé, investi dans son travail. Un matin, il apprend que l'entreprise choisit la voie d'un recrutement externe pour trouver la personne adéquoite au poste rendu vacant, qu'il convoitait depuis si longtemps. Gilles Rivière est stoppé dans son élan. Au lieu d'avancer, comme il sut le faire à de nombreuses reprises, de rebondir, il s'immobilise et entre en cycle de démotivation. Voyant son objectif qui lui procurait sens et plaisir, lui échapper, le travailleur tourne en rond. Souvent, cela génère des postures négatives de sa part :

agressivité, mutisme, repli sur soi sombre, ironie, argumentation cassante, bouderie, il se braque systématiquement sur les détails, les règlements, les retards et affiche un refus d'aide.

En cycle de démotivation, Gilles Rivière parvient de plus en plus rarement à communiquer d'une manière efficace.
La confiance est perdue. Il devient difficile de négocier avec lui. Une personne en CDD (Cycle De Démotivation) adopte à la fois des comportements défensifs et une attitude négative, mêlée de résignation ou de rébellion.

Selon leur personnalité, les individus se retrouvant en CDD adopteront des comportements défensifs différents qui aboutiront néanmoins dans presque tous les cas à une communication toxique. Certains combattront, d'autres se replieront. Certains réagiront avec émotion, d'autres avec froide raison. On entre plus ou moins rapidement et difficilement en CDD. Sa durée est très variable. De quelques jours, semaines, mois, à quelques années. Un management noir produit *de facto* des kyrielles de salariés « tankés » en cycle de démotivation.
Un grand nombre d'entre eux subissent les invectives de managers BQR.

### e) Petite galerie de portrait de managers BQR

*Le méchant éprouve un bonheur noir.*
Victor Hugo

Il est indéniable que faire mal procure à certains individus une jouissance certaine. C'est le cas du sadique. De toutes les espèces animales, la nôtre est d'ailleurs la seule à torturer ses congénères. Dans son merveilleux livre, *La passion de détruire*, le psychiatre Erich Fromm, présente les pulsions qui entrainent l'humain vers de telles actions. Le terme « méchant » vient de « meschéant » qui signifie « mauvaise chance » en ancien français. Force est de constater, comme nous l'avons dit, que la méchanceté facilite grandement l'ascension dans l'organigramme de certaines entreprises.

En 2000, le *New York Times* réalisa un sondage auprès de ses lecteurs. Il leur posa la question suivante : « Quel est, à votre avis, l'homme qui a le plus marqué le XXe siècle ? » Leur réponse fut sans appel : Adolphe Hitler. Il était talonné de près, dans le palmarès, par Joseph Staline. Les méchants frapperaient-ils plus les esprits que les gentils ? « Il semble que les méchants aient compris quelque chose que les gentils ignorent », écrivait Woodie Hallen. Quoiqu'il en soit, ils pullulent dans certaines entreprises.

Voici un florilège de portraits de manager BQR. Bien entendu, cette liste est non exhaustive. Elle vous permet simplement de repérer à quel manager vous avez affaire en ce moment. Vous avez sans doute déjà cotoyé certains de ces énergumènes répandant un management noir qui, telle la peste du même nom, gangrènent les relations dans les entreprises où il ne fait pas bon travailler.

Le manager dévalorisant :

Il prend un malin plaisir à dévaloriser les membres de son équipe. Souvent, il les culpabilise. Pour lui, rien ne va vraiment comme il le faudrait. Même si vous avez atteint vos objectifs, il trouvera un biais pour vous faire comprendre que ce n'est pas satisfaisant. Inutile de souligner qu'il ne félicite jamais personne. Il bafoue allègrement la règle d'or, « on critique en privé, on félicite en public ».

Le manager dictateur :

C'est un véritable « petit Hitler ». Il terrorise les membres de son équipe. Souvent « gueulard », il donne ses directives avec une voix de stentor qui pétrifie les plus timides et foudroie du regard celles et ceux qui oseraient lui tenir tête. Vous n'échappez pas à ses colères légendaires. Il crée avec les membres de son équipe des relations d'emprise souvent très toxiques.

Le manager manipulateur :

Ce dernier sait se montrer affable, courtois, voire doucereux à divers moments. Mais gare, c'est de la sournoiserie. Il veut vous amener là où c'est intéressant pour lui, et pas forcément pour vous. Le manipulateur est un être égocentré qui vous instrumentalise au gré de ses besoins. N'attendez jamais franchise et sincérité de sa part.

Le manager pervers :

Il surcharge son équipe de travail pour qu'elle ne puisse jamais livrer son projet en temps et en heure. Il pourra alors jouir de la blâmer. Il prend un malin plaisir à vous descendre en flèche. Le pervers est un individu qui veut faire passer le mal pour le bien. Il est d'autant plus dangereux qu'il sait cacher son jeu (les plus intelligents d'entre eux sont ceux qui se camouflent le mieux) et se trouve de ce fait difficilement décelable. Cela ne dure qu'un temps. Tôt ou tard, sa nature de pervers se révélera. Mais trop tard pour que vous n'en n'ayez payé les pots cassés.

Le manager immature :

C'est celui qui ne sait quasiment rien faire par lui-même. Ses assistantes jouent le rôle de maman, et le considèrent comme un bébé assisté et désorganisé. Souvent, son équipe couvre son incompétence. Il ne lui en saura pas reconnaissant pour autant. Il lui arrive de prendre ses décisions comme on joue à la roulette. Il finit parfois par mettre une équipe complète sens dessus dessous.

Le manager lâche :

C'est le manager qui ne défend jamais son équipe. En aucune circonstance, il ne montera au créneau pour elle. Face aux difficultés, il est aux abonnés absents. Il est totalement dépourvu de courage. Cela se manifeste d'une façon encore plus flagrante lorsque son entreprise traverse une crise.

Le manager fuyant :

C'est le manager qui ne fait pas face à ses responsabilités. Il ne manage pas. Il se montre incapable de prendre une décision, de gérer un conflit ou même les problèmes qui surviennent dans la gestion quotidienne de son équipe, ainsi qu'avec les clients. Il préfère souvent se vautrer dans le chaos en se voilant la face.

Le manager sachant :

C'est « monsieur je sais tout ». Ce type de manager a la science infuse. Il n'est absolument pas à l'écoute de son équipe. À quoi bon ? Il est convaincu de détenir toutes les bonnes réponses. Les suggestions venant d'autres personnes, il les méprise et les raye d'un trait de plume. Il refuse donc toute dimension participative.

Le manager harceleur :

Celui-ci est la cause du mobbing au travail. Il peut être « dictateur », pervers, manipulateur, ou il peut avoir tout autre type de comportement. Il est menaçant et rend la vie de son équipe infernale. On est insécure dans une relation avec ce type de manager. Son objectif est de vous faire « flancher ». Il est constamment dans le rapport de force.

Le manager narcissique :

Il est devant son miroir et se trouve beau. Ce manager se considère comme étant une divinité vivante.

Tous ces manager BQR,ont pour trait commun d'utiliser à longueur de journée les sept clés noires du trousseau FIRRMIS. Avec leurs équipes, ils font preuve de fermeture, d'irrespect, de rejet, de rigidité, de méchanceté, d'irritabilité et de surdité.
Ils ont également pour caractéristique commune de pratiquer diverses variantes du management noir. Ils obéissent à la lettre au modèle dominant qui a les yeux rivés sur la courbe des chiffres, le culte de la performance, la volonté du toujours plus. À quel prix ? « La productivité oui, le stress et le harcèlement, non » s'indignait le ministre Besson sur le plateau de l'émission *C politique* le 11 avril 2010.

L'ennui c'est que ce sont les stratégies productivistes des dirigeants d'entreprises qui ont généré toujours plus de stress et de harcèlement. Il devrait écouter ce que disent les salariés de la grande distribution quand on leur pose la question : « Aimez-vous votre travail ? »

« Avant oui, je l'adorais. Mais depuis deux trois ans, ça s'est dégradé. Le management est devenu complètement fou » affirme Gérard 45 ans, chez Leclerc.

« Avant, j'avais de l'automnie », constate Gilles, 49 ans, chef de rayon chez Carrefour. « Aujourd'hui, tout est chronométré à la seconde. On relativise, pour ne pas se tirer une balle ».
Il pourrait écouter ces salariés du secteur bancaire qui, au nom des pratiques de benchmark généralisées, n'en peuvent plus d'être obligés de vendre des produits financiers dont leurs clients n'ont pas besoin.

« Les agents arrivent à vendre n'importe quoi, explique Richard, 33 ans, agent commercial à la BNP. On leur refourgue les produits qui rapportent le plus au benchmark. J'en souffre.

C'est très dur, très compliqué à vivre. Nos managers nous relancent sans arrêt. On est sous pression du soir au matin. Quand on rentre chez nous, on est écoeuré car on a fait des choses contraires à nos valeurs ».

Un grand nombre de salariés vivent une souffrance invisible dans un univers où chacun en arrive à devenir son propre bourreau. Peuvent-ils se retourner vers les services RH ? Tout dépend de l'entreprise et de la politique RH qui s'y mène.

« À France Télécom, Les RH sont devenues des Business Partners », déplore Mr Ackermann, responsable syndical SUD. « De toute façon, les RH se limitent à un centre d'appel. Il n'y a plus aucune relation humaine.Vous avez détruit les liens sociaux de façon scientifique, lance t'il à la direction ».

On avance souvent le chiffre de six-cents suicides annuels sur le lieu de travail. Ce sont une majorité d'hommes, plutôt quadragénaires, dont on n'avait souvent pas détecté d'état dépressif en amont. Il apparaît que les hommes ont souvent moins de stratégies de résistance au mal-être que les femmes. Ils demandent moins facilement de l'aide, englués dans des croyances, toxiques pour eux, qui disent « qu'un homme doit être fort, qu'il ne doit pas craquer, et que demander de l'aide c'est faire preuve de faiblesse et, par conséquent, ne pas être un homme ». Bien au contraire : être fort, c'est demander de l'aide.

Donnons le goût aux hommes de se protéger par de la solidarité. Étant donné cette « honte » qui plane autour du suicide, on peut supposer que nombre d'entre eux ne sont pas recensés. Les chiffres du suicide au travail sont donc sous évalués.

Une chose est sûre : « La souffrance au travail a augmenté en quantité, mais également en gravité de tableau clinique », constate la psychologue Marie Pezée. Le ministère devrait entendre le désenchantement d'une population active qui, jour après jour, perd ses repères et son sourire.

Urgence Nationale :

Prendre à bras le corps ces questions est devenu une urgence nationale. Le psychiatre Michel Debout, spécialiste de ces questions de mal-être au travail, déplore que nous ne nous donnions pas les moyens de mesurer clairement. « Dans notre pays, il n'existe pas d'observatoire du suicide. Six mille-cinq cents personnes se suicident par an. Il faut créer une structure indépendante, avec des représentants du monde du travail. C'est le cas dans des pays tels la Suède. Il semble que tout cela soit lié au tabou du suicide. On pense encore que le suicide est quelque chose de l'ordre du privé, de très personnel. »

Depuis Émile Durkheim et son ouvrage sur le suicide paru en 1920, on sait pourtant que cet acte nous dit quelque chose sur le lien social. Contrairement à une idée reçue, en France, on ne travaille pas moins que dans d'autres pays. Avec mille-six-cents heures de durée annuelle du travail, nous sommes dans la moyenne européenne. Mais pour la qualité des relations au travail, notre pays arrive toujours dans le peloton de queue.

Ces deux sentiments qui se délitent du fait du management noir, celui d'appartenance et de motivation, sont les deux faces d'un sentiment de déliaison décrit par le sociologue Edgard Morin. Il sévit dans notre pays depuis quelques décennies. L'image de marque des entreprises en pâtit de plus en plus. L'observatoire de la réputation vient de rendre ses résultats. Les entreprises des secteurs bancaires, ainsi que la Grande Distribution sont en chute libre. Leur côte d'amour auprès des citoyens est en berne. Sans surprise, Total tient toujours le haut du pavé et France Télécom est passée du troisième au trentième rang.

De peur de voir l'image de leur entreprise se dégrader, certains dirigeants réagissent très vite. Ce fut le cas de Thalès. Suite au suicide d'un salarié survenu sur son site d'Ile et Vilaine le 23 octobre 2009, le groupe a immédiatement proposé une batterie de mesures :

– L'arrêt de son projet de déménagement à Vitré.
– La nomination d'un Directeur Général délégué sur le site.
– La création d'une cellule d'écoute avec numéro vert accessible aux cinq cent trente salariés.

Le management noir fait souffrir au travail en France en ce début de millénaire. Et ailleurs ? Comment se comporte t'on dans d'autres pays ?

« J'ai travaillé onze ans en France avant de m'expatrier au Canada », témoigne Axel, 32 ans, cadre commercial dans la téléphonie mobile, au cours d'un de nos débats participatifs sur le stress en entreprise.

« Je me suis aperçu qu'au Canada on est plus heureux au travail. En France, il existe une méfiance entre niveaux hiérarchiques qui n'existe pas au Canada ».

Il faut sortir du management noir. Le Management à l'anglo saxonne, comme le management réactionnaire ont fait leur temps.

En France, le manager est délégitimé. Conçu dans les écoles comme un professionnel de la direction des hommes, une fois sur le terrain, il est perçu comme « pas du métier » (ce qui est le cas pour 70 % d'entre eux), comme l'attestent les études de sociologie du travail. Le 5 mars 2010, Rémi Karcher, directeur des postes à Paris Sud envoyait un mail à tous ses directeurs. Il leur demandait « d'exterminer les vendeurs à 0 ». Qu'est ce qu'un vendeur à 0 ? C'est celui qui n'a conclu aucun contrat lors d'une campagne commerciale. Il ajoutait : « La chasse est ouverte, sans quota, jusqu'à épuisement (rapide) des espèces qui ne sont pas protégées. Il faut les exterminer ».

« À la dureté de la crise ne doit pas s'ajouter la dureté du management. Cela doit se manifester par des comportements au quotidien, dans la qualité de l'écoute et dans le respect des personnes », affirmait Jan Paul Bailly, Président Directeur Général de La Poste en septembre 2009.

Chiche !

# Deuxième Partie : La révolution managériale

*Je me révolte, donc je suis.*
Albert Camus

Les grands principes du management qui prospèrent depuis le début du XXe siècle sont à bout de souffle. De l'école classique de Taylor, Fayol et Weber, aux approches de l'économie industrielle ou de l'analyse stratégique des organisations en passant par les théories de la décision et de la contingence structurelle, les écoles de pensée managériale ont bien prospéré. Mais aujourd'hui se développent de nouveaux comportements parmi les salariés. Ils sont corrélés à de nouvelles règles du jeu économique et de nouvelles technologies. Autant d'éléments qui remettent en question toutes les techniques de management en vigueur jusqu'à présent. Il faut opérer une véritable révolution managériale.

De nombreux experts en management, Robert Sutton, Fred Kofman, les professeurs Gary Hamel ou encore Henry Mintzberg sont de cet avis. À l'avenir, le management va nécessiter non seulement une collaboration plus étroite entre la base, les responsables opérationnels et la direction, mais aussi de l'écoute mutuelle, de l'intelligence émotionnelle, et, surtout, la capacité à motiver les collaborateurs tout en donnant du sens aux actions. Cette évolution managériale s'inscrit dans la nécessité d'une révolution du travail bien décrite par la sociologue Dominique Méda dans son dernier ouvrage au titre éloquent : T*ravail, la révolution nécessaire*. Elle y décrit à merveille le paradoxe du travailleur français :

D'un côté, il se plaint que le travail empiète chaque jour un peu plus sur sa vie privée, surtout depuis l'avènement des nouvelles technologies, et de l'autre il le considère comme une des premières sources d'épanouissement et d'accomplissement dans l'existence. La spécificité du travailleur français est d'avoir un rapport affectif très fort avec son travail. « Les anglo-saxons ont un rapport utilitariste à leur emploi. Pour le français, c'est beaucoup plus passionnel», déclare le Directeur Adjoint de TNS SOFRES. Dominique Méda cite les résultats d'une étude IPSOS datant de 2006 qui dévoile que le travailleur français accorde une grande importance au collectif ainsi qu'à la nécessité d'une bonne ambiance de travail. Il a une forte volonté de se réaliser et de s'exprimer dans le travail et il a peur de perdre son emploi, de ne pas en retrouver un où il puisse utiliser ses compétences.

D'après une étude de l'ISSP, 57 % des salariés déclarent que leur implication dans le travail n'est pas reconnue.
Il en découle que la satisfaction au travail est faible, plus faible qu'ailleurs. « Nous devons faire nôtre cet objectif de qualité de l'emploi, de travail décent » comme l'exprime le Bureau international du travail. « Un travail qui, au lieu de briser, fatiguer, abaisser, abrutir, user, permettrait au contraire de s'exprimer, de nouer des contacts, d'être un opérateur de santé ».

Comme le souligne Dominique Méda, si nous faisons nôtre cet idéal, il doit commander le reste : « Il nous faut revoir en profondeur les normes de rentabilité qui gouvernent le monde, les représentations qui veulent voir augmenter la production, la productivité et la rentabilité, pour ensuite seulement s'occuper de la qualité du travail. Elles veulent également que quantité et qualité de l'emploi s'opposent ».

Le hiatus managérial :

Le cercle vertueux du management se heurte à un obstacle de taille. Pour maximiser les résultats financiers, réduire la dette, maîtriser les coûts, améliorer les processus de performance, se recentrer sur les métiers les plus lucratifs, il faut adopter un mode de management « autoritaire ». C'est ce que pensent certains spécialistes. Oublié le cercle vertueux. Ce mode-là, le professeur de management Hamel, le juge pourtant inadapté. À ses yeux, il faut que le management s'ajuste aux nouvelles générations qui arrivent sur le marché du travail, celles nées après 1975. Il faut du travail collaboratif induit par le web 2.0. Il est nécessaire de développer un fort esprit entrepreneurial pour susciter la créativité et l'innovation au sein des entreprises. Nous nous trouvons à ce carrefour. Dans l'immédiat, il faut surtout munir de clés les salariés qui souffrent du management noir afin qu'ils puissent s'en préserver.

### a) « FORCE » majeure : Trousseau de survie en milieu BQR

*Impose ta chance*
*Sers ton bonheur*
*Cours vers ton risque*
*À te regarder, ils s'habitueront.*
René Char

Pour vous aider à vous prémunir d'un management noir et des dégats qu'il peut potentiellement engendrer sur votre santé physique et mentale, nous vous proposons d'expérimenter les cinq clés du trousseau FORCE de la méthode Haute Qualité Relationnelle. Vous allez faire preuve de Fermeté, d'Observation, de Rire, de Courtoisie et d'Expressivité.

À chacune de ces clés, correspondent des Outils Relationnels (OR) qui vont vous être détaillés. Ils sont simples à utiliser. Tout salarié travaillant dans une entreprise où sévit un management noir, évolue en zone noire.

Néanmoins, nos vingt ans d'expérience dans la formation et le coaching nous ont enseigné qu'une personne doit avant tout prendre soin de son estime de soi pour parvenir à se prémunir d'un management BQR, et s'autoriser à utiliser le trousseau FORCE.

## L'estime de soi, au premier chef

Le concept d'estime de soi a pris ses lettres de noblesse aux USA à partir des années 1980. Dès 1984, le sénateur de Californie John Vasconcellos était chargé de présider la California Task Force to promote Self Esteem and Personnal and Social Responsability (comission Californienne pour la promotion de l'estime de soi et de la responsabilité personnelle et sociale). Puis germa l'idée d'un conseil national pour l'estime de soi. Cette association nationale qui vit le jour en 1995, donna naissance au World Coucil for Self Esteem. Le conseil mondial pour l'estime de soi. Cette association compte à ce jour quarante-huit pays membres.

Si les anglo-saxons parlent de self esteem, en France, nous avons longtemps utilisé l'expression « amour propre », privilégiant ainsi une représentation plus affective, voire passionnelle, du rapport à soi.

L'expression « estime de soi » se veut plus objective. Étymologiquement, le verbe « estimer » vient du latin *aestimare*, qui signifie « évaluer ». Sa signification est double : à la fois, « déterminer la valeur de » et « avoir une opinion sur ».
En 1890, le « père » de la psychologie américaine, William James, donna une définition de l'estime de soi dans son ouvrage *Principles of psychologie.*

Pour mesurer le degré d'estime de soi d'un sujet, James confronte ses succès à ses prétentions. Il l'illustre par l'équation suivante :

$$\frac{\text{succès remportés}}{\text{prétentions}}$$

Qu'est-ce qui compose cette estime de soi ? À la fois, l'amour de soi, la vision de soi et l'affirmation de soi. Ces trois aspects cumulés débouchent sur une bonne confiance en soi.

Le schéma valide serait donc le suivant :

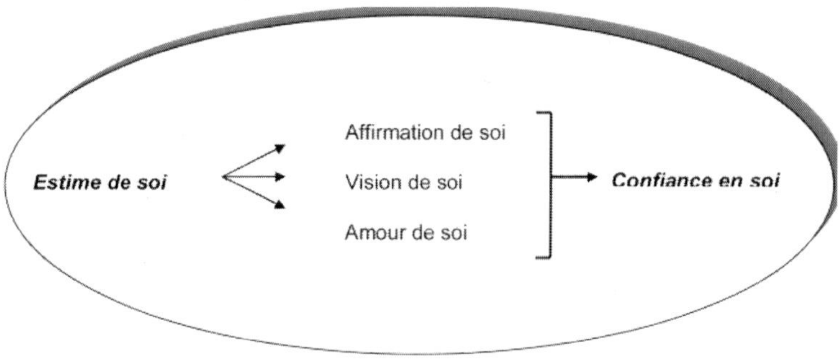


L'amour de soi commence par une authentique compassion envers soi. Loin de se disputer pour ses erreurs, de se blâmer dans la souffrance et de s'humilier dans les échecs, la personne qui s'aime, s'écoute, se console, s'encourage et se fait confiance. La vision de soi, second pilier de l'estime de soi, repose sur le regard que l'on porte sur soi, évaluation, imaginaire ou réelle, que l'on effectue de ses qualités et de ses défauts. L'important c'est la conviction que l'on a d'être porteur de qualités ou de défauts, de potentialités ou de limitations. En la matière, il est incontournable de prendre en considération le regard porté par les autres sur notre personne et de tamiser entre ceux qui élèvent notre estime de nous et ceux qui la rabaissent. Cela participe de la construction de notre « estime de soi publique » : elle est constituée par ce que l'on pense que les autres pensent de nous.

Le troisième pilier symbolise l'affirmation de soi. C'est la capacité, à la fois, de manifester sa présence en un lieu donné, de faire sentir que l'on existe, et de pouvoir exprimer ses points de vue, idées ou désaccords, face à un auditoire. Tout ceci débouche sur une solide confiance en soi.

Tous les professionnels des relations humaines s'accordent à penser que les deux nourritures de l'estime de soi sont : le sentiment d'être aimé et le sentiment de compétence. Se sentir aimé consiste à se sentir apprécié, populaire et désiré. Se sentir compétent, c'est se sentir performant, doué, habile.

Dans tous les domaines d'une existence, nous attendons la satisfaction conjointe de ces deux besoins. Au travail, nous prenons du plaisir à nous ressentir comme expert dans notre domaine précis, à maîtriser une à plusieurs techniques. Nous avons besoin que cette qualité d'expertise soit reconnue, notamment par nos pairs. Nous désirons également être appréciés par nos collègues. L'estime de soi fonctionne comme un seuil. Elle peut s'avérer soit haute, soit basse, soit stable, soit instable. Comme tout seuil, elle varie selon les aléas de l'existence, selon les scènes et les situations qui jalonnent nos vies. Ce constat peut être interprété de deux façons :

Dans une démarche de résistance au management noir, retenons la dimension optimiste de cette précision :
Toute personne à l'estime de soi basse et stable peut la faire évoluer dans le bon sens. Pour ce faire, elle doit désirer s'inscrire dans une démarche de changement. L'amorce d'une pratique de développement relationnel commence par un désir de changement et d'amélioration. On relève toujours un événement déclencheur. Ce peut être la lecture d'un ouvrage, une discussion avec un ami, l'écoute d'une conférence ou d'une émission passionnante.

La démarche se fait en trois étapes :

– la conscientisation : il importe d'élucider ce qui est améliorable dans notre estime de nous. Nul ne peut désirer ce dont il est persuadé de ne pas manquer. « L'ignorance a ceci de facheux que les gens sans beauté, sans bonté, ni sciences, s'en croient suffisamment pourvus », écrivait Socrate.
– la décision. Une personne droguée peut conscientiser que cette pratique est néfaste pour sa santé mais continuer néanmoins à consommer ce produit dangereux car elle en tire certains bénéfices. Ce peut être également le cas pour une

relation toxique. D'aucuns restent par négligence ou paresse, d'autres encore, par procrastination. Une étude américaine récente a dévoilé que les individus à basse estime de soi avaient une plus forte propension à ne pas changer, que ceux qui avaient une haute estime d'eux-mêmes. De fait, les sujets à basse estime de soi se sentent plus rapidement et plus facilement engagés. Ils auront souvent plus de mal à décider de changer même si une situation ne leur convient pas. Puis vient l'instant où l'on décide vraiment de changer. « C'est le moment », se dit-on.

– On entre alors dans la troisième et dernière phase du changement : L'action. On choisit une méthode, une pratique, un lieu, un accompagnateur, coach, formateur, thérapeute, avec lequel nous agissons. Pour y parvenir, il faut avoir affronté avec succès deux écueils :

1) accepter de sortir de sa zone de confort. L'être humain s'est constitué, au fil du temps, une zone de confort psychique. Elle est nécessaire, car elle structure son existence. Une démarche de changement va *de facto* l'ébranler quelque peu, le déplacer de l'intérieur.

2) dépasser ses résistances au changement. Le changement est parfois perçu comme anxiogène chez certaines personnes. De fait, il n'est jamais évident de changer. Cela peut générer peurs et angoisses. Il conviendra de les dépasser.

De quoi change-t-on en développement relationnel ? Fondamentalement de trois choses : de représentations, de repères et d'habitudes. Ces trois ingrédients constituent l'armature de notre zone de confort psychique. Les représentations sont toujours fondées sur des croyances, positives ou négatives. Les repères sont fondés sur des valeurs. Quant aux habitudes, elles sont fondées sur des comportements récurrents.

## Évaluez votre Indice d'estime de soi : (IES)

### Premier questionnaire : Une estime de soi haute ou basse ?

**Q1 : Lorsque je vis une histoire d'amour, j'ai peur que l'autre me quitte.**
– Souvent.
– Parfois.
– Jamais.

**Q2 : Je vis des conflits quotidiens pour un oui ou pour un non avec les autres.**
– Souvent.
– Parfois.
– Jamais.

**Q3 : Lorsque j'entreprends un projet, je doute de parvenir à mes fins.**
– Souvent.
– Parfois.
– Jamais.

**Q 4 : Lorsque je rencontre une difficulté, j'ai du mal à me dire qu'elle débouchera sur une issue favorable.**
– Souvent.
– Parfois.
– Jamais.

**Q 5 : J'ai du mal à changer.**
– Souvent.
– Parfois.
– Jamais.

**Q 6 : Lorsqu'il m'arrive quelque chose de bénéfique, je me dis que je ne le mérite pas forcément.**
– Souvent.
– Parfois.
– Jamais.

**Q 7 : Je pense que j'ai une grande valeur.**
– Souvent.
– Parfois.
– Jamais.

**Q 8 : Je me perçois comme un être un peu paresseux qui, comme disent souvent les enseignants, « peut mieux faire ».**
– Souvent.
– Parfois.
– Jamais.

**Q 9 : Je cherche des raisons d'être fier de moi.**
– Souvent.
– Parfois.
– Jamais.

**Q 10 : Lorsqu'une personne me plait et que je désire la séduire, je rechigne à me jeter à l'eau, de peur d'être éconduit(e).**
– Souvent.
– Parfois.
– Jamais.

**Q 11 : Lorsqu'une personne m'attire et que je désire la séduire, je l'entreprends sans l'ombre d'une hésitation.**
– Souvent.
– Parfois.
– Jamais.

**Q 12 : Je persévère jusqu'à ce que j'atteigne mon objectif.**
– Souvent.
– Parfois.
– Jamais.

**Q 13 : J'ai une propension à la procrastination (remettre au lendemain ce que je peux faire le jour même).**
– Souvent.
– Parfois.
– Jamais.

**Q 14 : Lorsque je réussis quelque chose, je me dis que c'est tout à fait normal.**
– Souvent.
– Parfois.
– Jamais.

**Q 15 : À la question, en quoi croyez vous, je réponds : en moi...**
– Souvent.
– Parfois.
– Jamais.

**Q 16 : Je me sens capable d'entreprendre de grandes choses.**
– Souvent.
– Parfois.
– Jamais.

**Q 17 : Au cours d'un débat, je défends aisément mon point de vue.**
– Souvent.
– Parfois.
– Jamais.

**Q 18 : J'ai une bonne connaissance de mes qualités, j'accepte mes défauts, tout en me donnant les moyens de m'améliorer.**
– Souvent.
– Parfois.
– Jamais.

**Q 19 : Je me dis que j'ai tiré un mauvais numéro à la naissance et je pense qu'il y a très peu de chance pour que cela change.**
– Souvent.
– Parfois.
– Jamais.

**Q 20 : Un ou plusieurs de mes parents m'a souvent dit que j'étais un « bon à rien », et que je « n'avais rien compris ».**
– Souvent.
– Parfois.
– Jamais.

**Q 21 : J'ai le sentiment de ne pas être à la hauteur.**
– Souvent.
– Parfois.
– Jamais.

**Q 22 : Je me demande à quoi je sers sur terre, si j'ai quelconque talent.**
– Souvent.
– Parfois.
– Jamais.

**Second Questionnaire :**

**Q 1 : Comment reçevez-vous un compliment en règle générale ?**

a) Je réponds merci beaucoup, sans ostentation.
b) J'en redemande.
c) Je fais comprendre que je n'ai aucun mérite.
d) Je le rejette.

**Q 2 : Comment réagissez-vous lorsque vous réussissez quelque chose ?**

a) Je suis content car ça me fait plaisir d'y être arrivé.
b) Je pérore.
c) Je me demande si je vais être à la hauteur.
d) Je me fais une maladie somatique.

**Les Rituels D'Estime de Soi. (R E S) :**

En matière d'estime de soi, nous allons vous proposer d'expérimenter des rituels d'estime de soi. Ne voyez pas dans le terme « rituel » une connotation religieuse quelconque. Il s'agit surtout de faire preuve de régularité. On entretient et améliore son estime de soi comme l'on pratique un sport. Votre objectif est de renforcer trois sentiments :

Celui d'être aimé, celui de « capabilité » et celui de compétence. Voici un certain nombre d'outils relationnels envers soi de la méthode HQR qu'il vous appartient d'expérimenter.

**ORES 1 : La litanie des « je suis aimé ».**

Dans votre JEM, vous allez faire la liste de tous ceux qui vous aiment, personnes, animaux et même, plantes et fleurs. Allez-y allègrement. Faites et refaites cette liste durant trente jours. Enrichissez-là.

**ORES 2 : Déjouer le syndrome de l'imposteur.**

Ce syndrome prend certaines personnes atteignant un objectif, réussissant quelque chose et se disant : « Les autres vont se rendre compte que je suis un imposteur.Un bon à rien comme moi n'est pas capable d'avoir réalisé cela. » Faites la liste de tout ce que vous avez réussi. Et terminez à chaque fois par : « je le mérite bien car j'ai travaillé pour cela.J'ai ce talent-là et je l'ai mis en pratique ». Répétez-vous cela souvent dans votre for intérieur. Faites-le avec modestie. Du latin *modestus* qui signifie « observer la mesure, être modéré, tempéré ».

**ORES 3 : S'intégrer à un groupe.**

Trouvez-vous un ou plusieurs groupes d'appartenance. Être intégré à un groupe, accepté, c'est bon pour l'estime de soi. Le groupe permet le partage et la reconnaissance.

**ORES 4 : La boîte à caresses.**

Notez sur des papiers 19 actions facilement pratiquables.

Exemples : Aller dans un nouveau restaurant, visiter un nouveau musée, une exposition, aller voir une pièce de théâtre etc.

Ces activités vous apporteront, à coup sûr, du bien-être. Dix neuf jours dans le mois, vous tirez un papier et vous faites ce qui est écrit sur ce papier. Si l'estime de soi est sujette à des fluctuations c'est qu'elle s'étaie avant toute chose sur l'amour que nous avons reçu dans les tous premiers temps de notre existence. Petit à petit, on éprouve dans son corps un sentiment de soi qui fait que l'on se sent peu ou prou serein. Selon le neuro psychiatre Boris Cyrulnick, à l'âge de dix mois, tous les enfants ont acquis un ressenti affectif interne. Sept sur dix ont un sentiment de soi sécure, et trois sont porteurs d'un attachement insécure. Dans son ouvrage, *De chair et d'âme*, il nous prouve que ces derniers, qu'il qualifie de « douillets affectifs », se montrent terriblement angoissés par l'inconnu, les ruptures et les deuils. Même les douillets affectifs peuvent se créer un mode de vie dans lequel ils se sentent plus sûrs d'eux, justement en s'appuyant sur leur besoin de sécurité.

**ORES 5 : Se reconnaître le droit de vivre et d'évoluer dans le bien être.**

Créer une « phrase ressources » que vous vous répétez onze fois à raison de sept fois par jour.

En voici deux exemples :

« J'ai le droit d'être bien, de me sentir bien et je le ressens à l'instant et pour longtemps ».

« Je choisis de me sentir bien dans ma peau, bien dans ma tête, dans toute situation, avec qui que ce se soit ».

**ORES 6 : Vous prenez conscience d'être une personne unique et irremplaçable.**

Phrase ressources : « Il n'y en n'a pas deux comme toi sur la terre. L'humanité a beaucoup de chance de te compter en son sein ».

**ORES 7 : Accepter tous les aspects de sa personne sans les censurer ni les nier.**

Une personne à basse estime de soi éprouve souvent de multiples complèxes : Ils peuvent être liés à son physique, son intelligence, son manque de culture, son milieu social etc.

Dites-vous que cela fait partie de vous, de votre singularité, et que cela n'est pas une tare, mais que vous pouvez l'utiliser comme un atout.

**ORES 8 : S'attribuer dix neuf qualités.**

Faites la liste de dix neuf de vos qualités.

Remodelez cette liste une fois par mois, en y ajoutant une qualité.

**ORES 9 : S'aimer soi-même d'un amour vrai et profond.**

L'amour de soi commence par une authentique compassion envers soi. Loin de se disputer pour ses erreurs, de se blâmer dans la souffrance et de s'humilier dans les échecs, la personne qui s'aime, s'écoute, se console, s'encourage et se fait confiance. Un amour de soi sain est un amour fidèle et constant.

**ORES 10 : Le jeu des métaphores.**

« La vie c'est comme........... »

« Ma vie c'est comme........... »

Conscientisez les métaphores toxiques.

Relativisez votre croyance négative exprimée dans cette métaphore.

« Mais la vie c'est aussi comme...... »

Transcrivez ces métaphores sur des affiches. Mettez-les bien en vue chez vous pour qu'elle s'inscrivent en vous. Elles vous donneront le sourire.

**ORES 11 : Phrases ressources : « Je m'aime et je suis fier(e) d'être qui je suis ».**

Répétez vous cette phrasc plusieurs fois durant la journée.

**ORES 12** : Estompez les V. A.T. E. N (Voix A Toxicoms porteuses d'Énergies Négatives) et renforcez les V.I B.R.E (Voix Internes à Bénécoms Riches en Énergies positives).

## ORES 13 : Croire en sa capacité d'apprendre.

Phrase ressource : « Je suis tout à fait capable d'apprendre de nouvelles techniques, de nouveaux savoir faire, de nouvelles manières d'être. Je me le prouve dès aujourd'hui. »

Votre sentiment de compétence :

Certaines personnes ont une vision de soi délabrée du fait qu'elles estiment ne pas exercer le métier pour lequel elles sont faites. C'est une souffrance bien réelle. Elles ont le sentiment de ne pas être reconnues pour ce qu'elles sont profondément. Terriblement frustrants, ces renoncements dus à une mauvaise orientation ou à la nécessité de gagner sa vie conduisent souvent à une dévalorisation de l'image de soi qu'il convient de restaurer.

## ORES 14 : Tournez le regard vers l'utilité pour les autres de ce que vous faites.

« Ce qui nous réjouit aussi, à la fin d'une journée de travail, c'est d'avoir pu amener une amélioration dans la vie de quelqu'un », affirme Alain de Botton, auteur de *Splendeur et misère du travail*. Il ne s'agit pas nécessairement de grands changements : huiler un gond, réparer une chaudière, une voiture, rendre un lieu propre en faisant le ménage, peuvent être très gratifiants. La mondialisation a rendu plus abstrait ce sentiment d'être utile.

## ORES 15 : Allez chercher ailleurs que dans votre emploi, ce que votre travail ne vous donne pas pour le moment.

Ce qui manque à votre travail peut et doit être cultivé ailleurs. « J'avais toujours rêvé d'être comédien, pour jouer devant des gens et être applaudi, nous dit Benoit, 43 ans, technicien chez EDF. Je souffrais de ne pas vivre cela dans mon quotidien professionnel. Depuis trois ans, j'ai franchi le

Rubicon. Je me suis d'abord inscrit à un cours d'art dramatique, et j'appartiens désormais à une troupe de théâtre amateur. Depuis que je joue la comédie, mes difficultés professionnelles reprennent des proportions acceptables. Elles ne m'envahissent plus autant. Et puis, je vis mon rêve ». Remettre le travail à sa juste place est vital.

**ORES 16 : Accepter son niveau de compétence sans se comparer à d'autres pour se complexer.**

Exercer le métier de son choix mais dans de mauvaises conditions est un autre motif d'insatisfaction.

**ORES 17 : Dites-vous que vous n'êtes pas responsable de ces conditions.**

Ne le prenez pas pour vous. Vous faites de votre mieux, dans le contexte actuel en ne perdant pas de vue que faire, c'est faire autrement, mais également ailleurs. À cette fin, montrez-vous proactif. La loi de l'action ouvre des opportunités que l'inaction aurait laissées cachées. Dès la première opportunité sérieuse, saisissez-là sans délai. Savoir se valoriser à chacun de ses succès, si petits soient-ils. En fin de journée, consacrez un moment pour notifier dans votre JEM trois succès que vous avez réalisés ce jour. Félicitez- vous pour ces réussites. Le temps le mieux approprié c'est le moment du coucher. Notre cerveau entre en ondes alpha et s'envoyer de bonnes choses va encore mieux s'imprimer dans notre esprit.

**ORES 18 : Chercher sa mission et agir pour la réaliser.**

L'affirmation de soi :

« Tout ce qui ne s'exprime pas, s'imprime », écrivait le philosophe Origène. Rien de tel, pour rehausser son estime de soi, que de s'exercer à s'affirmer.

**ORES 19 : Soigner son apparence physique.**

Ne pas s'habiller n'importe comment ce n'est pas uniquement une question d'argent. Se vêtir d'une façon à être « propre sur soi » et avec des vêtements dans lesquels on se sente bien, qui correspondent à notre identité. N'oubliez jamais le poids des apparences. Cultivez l'élégance. S'occuper de son corps, être d'une hygiène irréprochable. Pratiquez de l'exercice, faire du sport en moyenne trois fois par semaine. Un sport tonique, et un sport énergétique (Tai Chi, Chi kong, Yoga, Relax danse ou autre).

**ORES 20 : Concevoir un objectif propice à l'estime de soi.**

Utilisez la visualisation. Les yeux fermés, visualisez l'objectif comme s'il était atteint. Voyez-vous en train de le vivre. Ressentez une émotion positive, la joie, la fierté, le bien-être de vivre enfin la situation tant espérée. Voyez les autres autour de vous, vous féliciter, heureux pour vous. À aucun moment, vous ne ressentez de l'envie. Entendez ce que les autres disent de votre réussite. Éprouvez un sentiment de plénitude. On effectue alors un ancrage physique. On peut, par exemple, s'entourer le poignet gauche avec la main droite.

Tous ces rituels ont pour objectif de rehausser votre estime de vous et de la stabiliser vers le haut. À cet effet, il est incontournable de modifier certains sentiments et de sortir de certaines émotions. On confond souvent ces deux termes. Néanmoins, une émotion n'est pas un sentiment. Une émotion est un état affectif intense, momentané, caractérisé par une brusque perturbation psychique et physique. Un sentiment est un état affectif complexe, assez stable et durable, lié à des représentations sensorielles (paroles et images). Modifier ses émotions s'effectue de deux manières, soit directement, soit indirectement :

– Directement, en changeant son rythme respiratoire, sa posture physique et sa gestuelle.
– Indirectement, en transformant ses représentations fondées sur ses croyances.

Changer de sentiment prend plus de temps car il est plus ancré, plus durablement enraciné. En la matière, la persévérance et l'optimisme sont de mise.

**Les Marqueurs d' Estime de Soi (MES) :**

Il s'agit de manifester aux autres sa confiance en soi. Une confiance en soi HQR ne ressemble en rien au sentiment de toute puissance, à la morgue et l'arrogance. Elle n'exclut ni le doute ni la fragilité. Simplement, cette dernière ne doit se montrer qu'auprès de son premier cercle, son cercle de tendresse. De plus, la confiance sait transformer les faiblesses en point d'appui. Elle conscientise les défauts et les transforme en forces. Elle permet de tirer le maximum de profit des occasions fortuites, de traverser les échecs en se disant qu'ils sont des étapes vers la réussite, d'en tirer une ou plusieurs leçons qui font de ces expériences délicates, malgré tout, des cadeaux de la vie. La confiance en soi est une réserve d'énergie puissante et fondatrice. Pour être reconnu comme une personne qui a confiance en soi, vous devez créer des MARQUEURS D'ESTIME DE SOI. La grande famille humaine est ainsi constituée qu'elle a besoin que cela se voit.

**ORA 1 : Manifestez votre présence en société.**

À votre manière, prenez votre place dans un groupe. En soirée, faites-vous remarquer avec tact et délicatesse. Surtout, ne faites pas tapisserie. Ayez ce désir d'influer sur le cours de la soirée, afin qu'elle soit teintée de votre présence. Vous avez le talent de modifier l'ambiance, le climat, la couleur et la tournure que prend le moment. Une belle présence est un merveilleux marqueur d'estime de soi.

**ORA 2 : Demander ce dont on a besoin.**

Bien préciser l'objet de sa demande. Être convaincu du bien fondé de la requête. Ne pas demander pour demander. Effectuez votre demande avec conviction pour avoir le maximum de chances d'obtenir ce que vous souhaitez. Faites preuve de persévérance. Si d'aventure vous ne receviez pas ce que vous avez demandé, ne vous dévalorisez pas pour autant. Dites-vous tout simplement que ce sera pour une prochaine fois et que ce n'était ni le lieu, ni l'heure.

**ORA 3 : Prendre la parole en public.**

Selon une étude américaine, c'est la première cause de stress chez les individus. Devoir s'exprimer face à un auditoire. Commencez par un petit auditoire, devant des êtres bienveillants. Puis continuez par les copains. Faites du miroring. Observez comment se comportent les grands orateurs. Imitez les chez vous. Lancez-vous lors de diners en ville, puis lors de conférences, prenez la parole. Soyez persuadé(e) que vous avez des choses intéressantes à dire. On est passionnant quand on est passionné. Prendre la parole en public est un grand marqueur d'estime de soi.

L'estime de soi HQR est une assurance affective, altruiste et coopérative. Elle correspond au système immunitaire de la conscience. Elle est gage de force et de capacités de régénération. Nous sommes mieux équipés pour faire face au management noir. Une saine estime de soi est comme une parade aux attaques BQR. Elle permet d'affronter les épreuves plus facilement. L'estime de soi BQR est une assurance affective égocentrée, désireuse de battre l'autre, au besoin, de le dépouiller, de prendre empire sur lui.

C'est la confiance manifestée par les êtres arrogants, pédants, suffisants, les professionnels de la fanfaronnade, de la péroraison, ceux qui assènent des décisions de façon agressive, comme un couperet qui tombe. Ceux qui ont le moi boursouflé, pleins d'eux-mêmes. On les reconnaît aisément. Souvent invasifs, au cours d'une soirée, ils monopolisent la parole et écoutent peu les autres. Ces individus pratiquent le Terrorisme Relationnel Actif Vertical Émotionnelle Radical et Sentimental (TRAVERS). Eux aussi, ont des marqueurs d'estime de soi bien exprimés. Mais ceux-ci se fondent sur la BQR. Ils font des dégâts. Ils terrifient toute personne à l'estime de soi un tant soit peu basse et instable. Ce sont les chantres du management noir. Pour se préserver de ces personnes écrasantes et toxiques, nous vous engageons à pratiquer la Communication Contre Violente en utilisant le trousseau FORCE.

**La clé Fermeté :**

L'utilisation de la clé fermeté en « zone noire » permet de se faire respecter tant par ses collègues que par ses supérieurs hiérarchiques. Ces derniers ne parviendront, ni à vous exploiter, ni à vous harceler.

Le terme fermeté vient du latin *firmitas* qui signifie forteresse. Il est de la même famille que le vocable fermeture. Néanmoins, nous effectuons plusieurs distinctions essentielles entre la fermeté et la fermeture. La fermeté est une attitude conscientisée, circonscrite dans le temps et l'espace à une situation donnée qui nécessite de « resserrer les boulons » comme l'image l'expression populaire. À l'inverse, la fermeture est bien souvent une attitude inconsciente, une posture de vie « non OK », comme l'indique l'analyse transactionnelle, souvent continue et dans laquelle se mure l'individu, à son « âme défendante ».

Faire preuve de fermeté est une attitude HQR. Jamais dans l'excès, mais dans un savant dosage : « Si tu sais être ferme sans jamais être en rage » comme l'écrit fort justement Rudyard Kipling dans son magistral poème « if ». Il vous appartient de faire preuve de fermeté pour ne pas vous laisser polluer par des propos toxiques, des comportements nuisibles aux effets délétères sur votre santé psychique et physique.

Mode Opératoire pour travailler la fermeté :

**ORA 1 : évaluez sur l'échelle HQR à quel degré de fermeté vous vous trouvez.**

De 1 à 11, où vous situez- vous ? Vous évaluez ainsi votre marge de progression. Notez-le dans votre JEM.

**ORAM 2 : Technique du « miroring ».**

Faites travailler votre « documentation intérieure » et pensez à trois collègues côtoyés au cours de votre carrière professionnelle que vous estimez savoir faire preuve d'une remarquable fermeté. Visualisez-les. Entendez leurs voix, les mots qu'ils emploient, revoyez leurs gestes. Chez vous, entrainez-vous à prendre leurs postures, à employer leurs mots. Nous sommes bien d'accord, il ne s'agit pas de vous. Mais ce travail de miroring, vous permet d'étoffer votre palette de comportements et de ressentir ce que peut être une attitude de fermeté.

**ORAM 3 : Travail des « 3 V » pour la fermeté.**

En communication, trois familles de messages s'expriment : des messages visuels, des messages vocaux et des messages verbaux. Les messages visuels constituent tout ce qui est de l'ordre du non-verbal : les postures, la gestuelle et les mimiques du visage. On les nomme parfois métalangage. Ils constituent 55 % du message reçu par vos interlocuteurs.

Les messages vocaux regroupent tout ce qui touche à la voix : ton de voix, volume, modulation, débit, rythme, tessiture, articulation, diction, silences, intonations, mode majeur, mode mineur. Ils constituent 38 % du message passé à vos collègues.

Les messages verbaux, ce sont les mots, le discours adressé aux personnes. Ils représentent 7 % du message transmis. Pour faire preuve de fermeté, il est donc incontournable de travailler le non-verbal, le vocal et le verbal. Pour les postures de fermeté, il faut se redresser, tendre un peu le corps (bras et jambes croisées), garder la tête bien droite, ne pas sourire, même si l'on n'a pas un visage crispé pour autant. Les gestes de fermeté sont cadencés, partant du bas vers le haut. Il existe des gestes d'ouverture et des gestes de fermeture, des gestes d'expansion qui témoignent un accord, de l'intérêt, parfois l'acceptation, et des gestes de rempart qui expriment le désaccord, le scepticisme, voire l'hostilité. Sur le plan vocal, une voix ferme a un débit posé.Travaillez votre tessiture grave, même si vous avez une voix aigue. Les voix qui en imposent, qui forcent le respect et auxquelles on est enclin à obéir, vont dans les notes graves.

Augmentez le volume à bon escient et votre voix devient plus percutante. Surtout, ne hurlez pas. Le gueulard fait preuve de terrorisme relationnel. Baissez la note en fin de phrase pour boucler vos propos, pour faire comprendre que c'est sans appel, que sur tel ou tel point vous ne transigez pas.

Au niveau du verbal, les mots et expressions de fermeté sont des termes qui affirment une position claire, nette et précise. Le « je » est utilisé. Travaillez l'art de renvoyer un collègue toxique dans ses cordes :

« Je n'accepte pas cela ». « Je préfère ne pas entrer dans ce débat ». « Je ressens ce message comme toxique, je n'en veux pas, je vous le renvoie ». « Si, comme je le ressens, vous avez besoin d'intoxiquer quelqu'un, allez voir ailleurs, il faut vous trouver quelqu'un d'autre, je ne suis pas le bon (ne) client(e). Allez polluer quelqu'un d'autre. »

**ORA 4 : Autosuggestion positive au sujet de la fermeté.**

Pourquoi certains salariés éprouvent-ils tant de difficultés à faire preuve de fermeté ? Il existe plusieurs raisons : parce qu'ils culpabilisent, parce qu'ils ont peur de ne plus être aimés, parce qu'ils ont peur des représailles de l'ogre fantasmé, parce qu'ils aiment l'harmonie entre les êtres et qu'ils détestent les conflits. Pour ces personnes, un travail de pensée positive peut contribuer à débloquer la situation. Si c'est votre cas, dites vous : « Je suis ferme vis-à-vis des personnes toxiques et je continue à être une personne très aimable, appréciée pour mes qualités humaines, tout en sachant me montrer ferme quand il le faut. Je continue à aimer et favoriser l'harmonie entre les êtres, mais je suis capable de me montrer d'une fermeté implacable et efficace quand cela s'impose. » Répétez-vous six fois le matin et cinq fois l'après-midi cette pensée durant trois mois. Cela va impacter votre subconscient et vous aider à utiliser la clé fermeté.

**Clé Observation :**

L'observation est une compétence à développer pour être apte à réunir un maximum de données qui nous aident à naviguer en paix et serein dans notre univers professionnel. Or, l'expérience prouve qu'un grand nombre de salariés avancent dans leur quotidien à l'aveugle, sans aptitudes suffisantes pour percevoir ce qui se trame autour d'eux et en eux. La société de la distraction dans laquelle nous évoluons, ne nous incite pas à développer nos capacités d'observation.

Au début du XX^e^ siècle, un grand éducateur nommé Decroly, reconnu pour son influence sur les pédagogies actives comme celles développées par Célestin Freinet, affirmait la chose suivante : « Nous ne sommes pas assez préparés à observer avec netteté et précision. Comment pourrions-nous alors avoir des idées adéquates sur des sujets complèxes ceux qui participent à la vie des individus, des institutions et sur leurs relations ? »

Cette carence nous amène à manquer de comportements adéquats. L'observation peut se définir comme un regard insistant et attentif sur une personne ou une situation qui sollicite notre intérêt. Il s'agit bien d'une concentration de l'esprit sur un sujet afin d'en retenir les détails, d'en noter les singularités d'en observer l'état présent et d'en surveiller l'évolution.

Étymologiquement, l'observation vient du latin *observare* qui signifie « regarder avec attention ». L'*observator* désigne l'individu qui regarde attentivement. L'observation permet un recueil de données très utiles. On peut distinguer une observation extrinsèque, qui concerne tout ce qui existe en dehors de soi, d'une observation intrinsèque, pour appréhender les phénomènes (sensations, émotions, pensées qui s'expriment à l'intérieur de soi). Ce double terrain d'observation s'avère utile au quotidien. D'autant plus dans le troisième cercle, au sein de l'entreprise, où la vigilance se doit d'être parfois poussée au maximum. On parle à juste titre de sens de l'observation. Il peut se développer. En utilisant les outils relationnels vis-à-vis des autres que nous vous proposons vous accroîtrez vos qualités d'observation.

**ORA 1 : Auto évaluation.**

Quel est votre degré de qualité d'observation. Sur l'échelle HQR de 1 à 11, à combien l'évaluez-vous ?

**ORA 2 : Comment observer les messages toxiques ? Quels sont ces messages à repérer ? Et quand les observer ?**

L'observation se déroule en trois étapes :

– Première étape : Celle de réceptivité. On recueille de l'informatin, sur nos collègues, sur les situations, les jeux entre collègues (Voir Analyse Transactionnelle) sur l'institution au sens large.

– Deuxième étape : Vérification active de l'information et observation de l'effet que cela produit en soi.

Questions à se poser : Qu'est-ce-que je vois ? Qu'est-ce-que j'entends ? Qu'est- ce-que je perçois ? Comment cela réagit en moi ? Est-ce que je ressens du bien être ou du mal

être ? Suis-je mal à l'aise, en paix ou agité au contact de cette personne ?
– Troisième étape : Interprétation de vos observations extrinsèques et intinsèques. C'est une étape intellectuellement active. C'est le moment où nous tentons de tirer des conclusions de nos perceptions et qui va nous permettre de nous ajuster vis-à-vis de telle ou elle personne et de prévenir telle ou telle situation toxique.

Mode opératoire : Une semaine : Vous choisissez d'observer tou.s vos collègues. Rassemblez vos données en fin de semaine Vous les classez en deux catégories :
– Les collègues plutôt FIRRMIS, au comportement plus souvent BQR.
– Les collègues plutôt SAGREER, exprimant une attitude le plus souvent HQR.

Vous le notez dans votre JEM. Lesquels de vos collègues ressentez-vous comme toxiques pour vous ? Vous rappellent t'ils quelqu'un ?

Repérez les messages toxiques exprimés : TOXICOMS. Classez-les dans les cinq familles : dévalorisation, culpabilisation, chantage, menace, postures d'indifférence non verbale. Repérez les messages qui « tu ». Ce sont des « transactions klaxon », qualifiées ainsi par le psychosociologue Jacques Salomé : elles commencent toujours par le mot « tu, tu, tu ».

Exemples :
– Tu es toujours en retard.
– Tu ne fais jamais le travail en temps voulu.
– Tu te reposes trop sur moi.
– Tu me gênes dans mon évolution.
– Tu me fais de l'ombre dans la boite... etc

Le docteur Leleu appelle ce « tu », le « tu qui tue ». Un grand nombre de toxicoms se verbalisent en mode « tu » Ils sont les symptômes d'une maladie très répandue : la « reprochite » aigue.

Fire wall aux toxicoms : vous avez la liberté de ne pas vous laisser intoxiquer par tous ces messages. Nous sommes là au coeur de l'écologie relationnelle. Vous ne souhaitez pas être pollué ; c'est votre droit le plus strict. C'est manifester une saine estime de soi que de ne pas désirer être pollué. Comme contre argumentation : Employez toujours le « je ».

« Je ressens ce message comme toxique. Je n'en veux pas. Je te le rends ».

Variante : « Ce message est toxique pour moi. Je n'en veux pas. Je vous le renvoie ».

Tout ceci sera d'autant plus percutant que vous l'aurez énoncé avec la clé « fermeté ». Repérez les personnalités intimidantes pour vous. Vous rappellent-elles quelqu'un ?

**Clé Rire :**

La troisième clé du trousseau FORCE se révèle très pratique au sein du troisième cercle. Combien de fois, nous sommes nous tirés d'affaire, sans bleu, sans même une égratignure, grâce à l'utilisation du « rire ». Elle est un outil magistral pour résister. Résister à qui ? Aux méchants, et plus généralement à tous les individus à l'attitude BQR que l'on peut croiser au sein du Cercle des Relations Imposées.

En octobre 2007, Jean Michel Ribes, Directeur du théâtre du Rond Point, publia aux éditions Beaux Arts un ouvrage magistral : « Le rire de résistance ». Il s'agit d'un manifeste, sous forme d'abécédaire qui présente au fil des siècles tous les individus ayant de près ou de loin donné ses lettres de noblesse au rire. De Rabelais à Woody Hallen en passant par Jarry, Diaro Fo, Marcel Aymé, Francis Blanche, Coluche et tous ceux qui, au fil des siècles ont doré le blazon du rire de Résistance. Qui dit rire, dit également humour, dérision, esprit, déconne, etc.

Risibles méchants : les méchants sont également risibles. Ne faites pas l'impasse sur cet état de fait. Les méchants ont dans l'intention de faire mal, de choquer, de blesser. Le rire permet de faire un pas de côté et de vous préserver des flèches acérées de l'irritabilité, du ressentiment des gens à l'attitude BQR au sein de votre entreprise. Leurs flèches manquent leurs cibles. Voici une clé très efficace pour vous mettre à l'abri de leur irrespect, de leur irritabilité et de leur ressentiment. Mieux, l'humour vous permet de contre attaquer et de les désarmer.

« Le rire n'est jamais gratuit. L'homme donne à pleurer, mais il prête à rire » affirmait Pierre Desproges, grand maître du rire de Résistance.

Certains nous diront que nous ne sommes pas sérieux de proposer le rire dans une méthode de développement personnel. « Rien n'est moins sérieux en ce bas monde que le rire », écrivit Gustave Flaubert. Et quand je vous dis qu'avec le rire vous êtes aux antipodes d'une position victimaire vis-à-vis des méchants, voici ce qu'en pensait le père de la psychanalyse : « L'humour de ne se résigne pas, il défie », assurait Sigmund Freud.

Au fil des siècles, combien de pièces de théâtre, de romans et de héros de films nous ont exposé des scènes dans lesquelles les méchants étaient tournés en ridicule par des personnages sachant manier l'humour avec maestria ?

« Le rire désarme, ne l'oublions pas », écrivit Beaumarchais le père de Figaro, figure qui annonca la Révolution française aux alentours des années 1770.

Autre avantage de la clé Rire : elle permet d'aller voir derrière le décors, la façade, l'air de rien, et sans risquer d'être démasqué. Car on accepte avec le rire, même forcé, ce qui ne serait pas admis sans. Souvenons-nous de la fonction du bouffon du roi sous l'ancien régime. Lui seul pouvait dire au roi ses quatre vérités, à condition de le faire rire. S'il n'y parvenait plus, il risquait, non seulement la mise à pied, mais la mise à mort.

« Le rire est le propre de l'homme, et l'esprit s'y délivre des apparences », écrivit le grand philosophe Alain. Selon une étude récente, les français rient moins qu'avant. On riait en moyenne vingt minutes par jour dans les années cinquante et l'on ne rit plus que cinq minutes aujourd'hui. Voyez la vie en rire ! Il vous sera profitable, dans une démarche HQR, de rire sur votre lieu de travail, tout en travaillant sérieusement. Ce n'est absolument pas incompatible. Tant il est vrai que « la plus perdue des journées est celle où l'on n'a pas ri » affirmait le grand poète Chamfort.

**ORA 1 : Où en êtes-vous sur l'échelle HQR 1 à 11 du rire ?**

**ORA 2 : Repérez les collègues avec lesquels vous aimez rire.**

Installez une complicité par le rire. Entretenez cette complicité. Permettez- vous des espaces-temps de bonne humeur, de « bon humour ». Ils vous serviront de soupape, et vous permettront de décompresser dans votre journée.

**ORA 3 : Fixez-vous un objectif : Au moins dix minutes de rire par jour en compagnie de certains collègues.**

Attention, vigilance.Vous ne riez pas avec n'importe qui (ni même devant n'importe qui). Pour autant, vous pouvez rire « de n'importe qui, et surtout des plus méchants ». Le rire libère. Il vous permet de sécréter de la sérotonine dans votre cerveau, l'hormone de la bonne humeur.

**ORA 4 : Faites-vous rire vous même, tout seul.**

On peut rire sous cape, comme dit l'expression. Ce n'est pas folie. Écoutez des émissions drôles à la radio. Regardez des comédies. Lisez des romans amusants. Ne pas perdre une occasion de rire, c'est se faire des cadeaux au quotidien. Ces cadeaux sont gratuits, mais très précieux. Faites- vous ces cadeaux. Vous allégerez votre vie en entreprise.

**ORA 5 : Certains se disent ne pas avoir d'humour.**

Si vous souhaitez améliorer vos capacités à rire, et vous octroyer des plages plus importantes de rire, vous pouvez vous inscrire à « l'école du rire » fondée en 2002 par Corinne Cossau. Elle s'est inspirée du yoga du rire élaboré par un médecin indien, Haden Kahan, dans les années 1980.

**Clé Courtoisie :**

La quatrième clé du trousseau force s'avère tout aussi efficace que les trois autres pour bien naviguer dans le cercle des relations imposées.

Au Moyen Âge, la courtoisie correspondait essentiellement aux modes de vie pratiqués à la cours.

Aujourd'hui, la courtoisie, c'est l'affaire de chaque citoyen. Elle est devenue aussi importante que la démocratie. Elle est synonyme de politesse. Le mot politesse vient de l'italien *politezza* qui signe « propreté ».

De plus, la courtoisie est un merveilleux outil contre les sots. « Le meilleur bâton de défense contre la sottise, c'est la politesse. C'est le seul qui vous permet de ne pas l'utiliser », écrivait le romancier Barbey D'Aurevilly à la fin du XIX^e^ siècle. Or, chacun sait qu'il existe nombre de sots qui sont également méchants. Ne dit-on pas « bête et méchant » ? La courtoisie n'existe pas sans règles, codes de conduite, rites de passages, rituels, fonctions phatiques du langage. Ces règles peuvent être respectées ou transgressées. La politesse est toujours une attitude vis-à-vis des autres. Enfant, c'est une question d'éducation. Les parents apprennent à leur progéniture à dire « bonjour, bonsoir, merci, s'il vous plait, pardon » et à sourire. Cet apprentissage dès l'enfance fut plus ou moins bien fait.

Vient l'adolescence et la courtoisie est assimilée à l'enfant docile, à l'obéissance servile vis-à-vis du monde adulte contre lequel se révolte un autre enfant intérieur : « L'enfant rebelle ». Dans les années 1970, le courant de L'analyse transactionnelle d'Éric Berne, psychothérapeute américain nous a bien exposé l'existence de ces différents états du moi enfant. Mais cette phase de rebellion est importante dans le processus d'individuation de la personne. Plus ennuyeux, quand cet apprentisage de la politesse semble oublié par certains adultes restés d'éternels adolescents, des « adultolescents ».

La politesse est-elle une attitude HQR ? De toute évidence, même si ce n'est pas une vertu, elle est la première marche vers la morale. Pour autant, il convient de souligner ceci. Les méchants aussi savent très bien être courtois. Certains nazis, à ce qu'on m'a dit, excellaient dans ce rôle. La politesse rend le méchant encore plus détestable par ce qu'elle dénote d'une éducation sans laquelle sa méchanceté serait peut être excusable. La politesse n'est pas une vertu mais le moteur qui l'initie chez l'adulte. Un rustre généreux vaudra toujours mieux qu'un égoiste poli. Mais aux yeux de qui ? Un honnête homme incivil, qu'une fripouille rafinée. Mais aux yeux de qui ? La politesse est une petite chose qui en permet de grandes, un rituel sans Dieu, un cérémonial sans culte, une étiquette sans monarque. Elle est l'expression des bonnes manières : l'esprit policé.

La courtoisie n'a pas d autres prétentions que d'installer une agréable coexistence entre des individus appelés à vivre ensemble dans le troisième et quatrième cercle. Elle doit favoriser la cohabitation des communicants HQR avec les BQR. Elle est la première marche vers l'ambition kantienne : « Agis de telle sorte que tu uses de l'humanité en ta personne comme en celle d'autrui, toujours comme une fin et jamais simplement comme un moyen ».

Dans l'entreprise, il sera toujours plus agréable de recevoir des excuses que des injures, des sourires plutôt que des grimaces, des services plutôt que de l'indifférence. La courtoisie est donc une qualité à cultiver.

**ORA 1 : Où en êtes vous sur l'échelle HQR de 1 à 11 de la courtoisie ?**

**ORA 2 : Un lundi matin, décidez de dire bonjour, de saluer tous vos collègues les uns après les autres, même ceux que vous n'avez pas l'habitude de saluer.**

Ayez un bon mot pour chacun. Optez pour une attitude OK +. Souhaitez une bonne journée à vos collègues. Vous ferez la même chose pour votre départ. Vous irez dire au revoir à tout le monde, l'un après l'autre.

**ORA3 : Sentez ce que cela fait en vous.**

Les thérapeutes du courant gestalt appellent cela l'awarness. La prise de conscience de ses états intérieurs.

**ORA4 : Décidez de sourire, d'être agréable, en ouverture, durant toute une semaine.**

Bonjour, au revoir, merci, de rien, pardon, bonne journée, bon travail. Bonne réunion. Autant de règles de courtoisie auxquelles vous décidez de ne pas déroger.

**ORA5 : Décidez de répondre avec courtoisie aux sollicitations non toxiques de vos collègues.**

**ORA 6 : Défiez-vous d'un excès de courtoisie.**

Elle peut faire de vous une personnalité trop lisse. Un individu normapathe, emprisonné dans son « éducation policée ».

**Clé Expressivité :**

Nous l'avons vu précédemment, les individus BQR ont une facheuse tendance à intimider leurs collègues au sein de l'entreprise. Les plus talentueux y parviennent aisément, surtout s'ils manient l'expression orale à merveille ce qui leur permet de sortir gagnants de joutes oratoires. Certains salariés inhibés auront tôt fait de se laisser polluer par leurs toxicoms.

Nous vous proposons d'utiliser cette clé expressivité pour vous sortir de cette position victimaire, redresser la tête, et vous sentir mieux dans votre quotidien professionnel. Peut-être vous dites-vous : je n'y arriverai pas. C'est une question de courage, or courage et coeur sont deux mots de la même racine.

Quelle différence y a-t-il entre le courageux et le couard ? L'un a-t-il peur et l'autre pas ? Faux. Tous deux ont peur. Seulement, le courageux dit à sa peur, « tais toi, j'ai quelque chose à faire de plus important que de t'écouter ». Nous entendons par expressivité, la capacité à affirmer une position. Le mot « expression », vient du latin *ex pressere* qui signifie « sortir de ». Pour cela, nous vous proposons un dispositif d'expression non violente qui a fait ses preuves. Nous l'empruntons à l'école de communication non violente (CNV) de Marshall Rosenberg. Nous allons revisiter les cinq catégories de toxicoms pré-cités et pour chacun d'eux vous donner des exemples de discours d'expressivité qui permettent de tenir tête et de déjouer les intentions induites des messages toxiques.

Voici d'abord la démarche à suivre :

– J'exprime le résultat de mes observations.
– J'exprime le sentiment que je ressens vis-à-vis de tel ou tel toxicom.
– J'exprime le besoin (désirs ou valeurs) que je sens en moi et qui ont éveillé ce sentiment.
– J'exprime une demande à l'autre qui contribuera à mon bien être.

Très concrètement, voici ce que cela donne pour les trois principales familles de toxicoms :

**Dévalorisation :**

Patrick Grimberge, manager d'Elsa vient de lui dire que « décidément elle n'était pas à la hauteur pour son poste, et qu'il se demandait si elle y mettait du sien ou si elle faisait semblant ». En règle générale, Elsa encaisse, baisse la tête, et quitte le bureau de son manager. Le toxicom va la polluer pendant des jours et des jours auquel viendront s'ajouter d'autres toxicoms. Si elle utilise la technique d'expressivité voici comment elle réagit :

« Patrick, lorsque que j'entends de tels propos dévalorisants à mon égard, me disant que je ne suis pas à la hauteur, que je n'y mets pas du mien (observation), j'observe que cela me rend triste et en colère (expression du sentiment ressenti). J'ai besoin d'encouragements et que l'on se rende compte des efforts que j'ai fournis pour rendre un travail de qualité, et surtout que l'on soit mesuré dans les critiques car j'aime les gens justes (expression du besoin, des valeurs). Elsa complète aussitôt en exprimant la quatrième composante, à savoir une demande précise et concrète : Je vous demande, à l'avenir, d'émettre des critiques constructives et toujours portées sur mon travail, et non plus sur ma personne ».

**Culpabilisation :**

Vanessa, directrice commerciale de Jean Baptiste, lui tient ces propos : « Si l'équipe n'a pas atteint ses objectifs du mois c'est de votre faute. Vous n'avez pas assez travaillé. Vos résultats individuels ont plombé l'équipe. »

En règle générale, Jean Baptiste encaisse, baisse la tête, et quitte le bureau de son manager. Le toxicom va le polluer pendant des jours et des jours auquel viendront s'ajouter d'autres toxicoms.

S'il utilise la technique d'expressivité voici comment jean baptiste réagit :

« Madame, lorsque j'entends de tels propos culpabilisants à mon endroit,disant que je n'ai pas assez travaillé,insinuant que je suis un paresseux (expression de l'observation) je ressens de la colère et du dépit (expression des sentiments). J'aurais plutôt besoin que l'on valorise tous les efforts que j'ai fournis pour réaliser un score meilleur que le mois dernier, et que les critiques m'apportent quelque chose (expression du désir/des besoins) ».

Et il compléterait aussitôt par la quatrième composante : une demande précise et concrète :

« Je vous demande à l'avenir, de me faire des critiques constructives liées à mon travail, et plus de discours culpabilisant me plombant le moral. »

**Chantage :**

Chantal, grande timide, salariée irréprochable, a transgressé une fois en cinq ans de carrière, en compagnie de sa copine Aline dans le besoin. Pour aider son amie, elle a dérobé quelques fournitures de bureaux d'une très grosse entreprise d'informatique. Manque de chance, son collègue André les a prises en flagrant délit. Depuis ce temps, André, pervers, la harcèle et prend un malin plaisir, à lui faire effectuer une grande partie de son travail en lui tenant ces propos :

« Si tu ne fais pas ce travail à ma place ma petite, je vais dire à la direction que tu as volé en 2008 des fournitures de bureau pour au moins 2000 euros. »

En règle générale, Chantal, encaisse, baisse la tête, et fait le travail de son collègue. Le toxicom va la polluer pendant des jours et des jours auquel viendront s'ajouter d'autres toxicoms. Si elle utilise la technique d'expressivité voici comment chantal réagit : « Lorsque je t'entends me faire du chantage pour la énième fois, et me dire pour la ennième fois que tu vas nous dénoncer (expression de l'observation), cela me fait peur, me met en colère et me rend triste en même temps (expression des sentiments). Moi j'ai besoin que tu me fiches la paix, d'autant que j'aime les gens sains, et pas les pervers (expression du besoin et des valeurs). Elle complète ausitôt en exprimant une demande précise et concrète. Je te demande à l'avenir de ne plus me harceler, de ne plus me faire de chantage, et de ne plus me demander de faire ton travail à ta place, car je refuserai ».

**ORA 1 : Où en êtes-vous sur l'échelle HQR de 1 à 11 au sujet de votre expressivité ?**

**ORA 2 : Travail de votre congruence.**

La congruence, c'est la capacité d'exprimer ce que l'on ressent, ce que l'on désire et ce que l'on pense vis-à-vis d'une personne ou d'une situation donnée et ce dans le présent. C'est les antipodes de l'esprit de l'escalier et des inhibitions en tout genre.

**ORA 3 : Dans votre JEM, écrivez les toxicoms que vous avez reçus cette semaine.**

Vous écrivez des réponses d'expressivité selon les modèles présentés au dessus. Devant votre glace, vous les répétez sept fois avec la plus grande fermeté. Vous recommencez cet exercice durant onze jours, en inventant à chaque fois des réponses.

**ORA 4 : Vous vous entrainez à pratiquer la méthode d'expressivité avec un ami qui joue le rôle de la personne toxique.**

Elle vous répond et vous vous entrainez à poursuivre la conversation sans jamais vous démonter.

**ORA 5 : Lorsque vous pratiquez les quatre étapes facilement, que vous vous sentez à l'aise, comme des gammes, vous allez l'expérimenter dans votre entreprise.**

Vous commencerez à vous exprimer ainsi avec des collègues qui vous sont agréables, et qui sont gentils avec vous.

**ORA 6 : Quand vous vous sentirez prêt, vous pratiquerez la technique d'expressivité avec les personnes qui vous envoient des toxicoms.**

**ORA 7 : Savoir dire non avec courtoisie.**

Une des possibilités qu'offre la pratique de la clé expressivité, associée à celle de la fermeté et de la courtoisie, est de vous permettre de refuser lorsque vous sentez qu'il est juste pour vous de le faire. Vous exprimez ainsi votre congruence. Dans un premier temps, il importe de reconnaître les situations où un refus est nécessaire. Dans un second temps, vous devez conscientiser ce qui vous fait dire « oui » quand vous voulez dire « non ». Un tel « oui » peut être motivé par diverses intentions. En voici un florilège : Le désir de ne pas déplaire, le désir de plaire, le désir d'être aimé, la volonté de faire plaisir, la volonté de ne pas se sentir coupable, la volonté de se conformer à des principes de politesse, la volonté de ne pas faire de peine à l'autre, la peur de s'affirmer, la volonté de ne pas perdre son temps et son énergie à négocier. Laquelle de ces pensées sous jacente est la plus prégnante chez vous ? L'incapacité de dire « non » aux autres provoque de la frustration, de la culpabilité, de la mésentente, de la tension, de l'hypocrisie et de la fausseté dans les relations.

Pour vous exercer à dire non avec courtoisie, vous allez formuler votre refus en trois temps :
– Primo : Reconnaissez le bien fondé de la demande pour le demandeur en reformulant le besoin exprimé par ce dernier.

– Secundo : Dites pour quelles raisons vous refusez de satisfaire cette demande dans les circonstances.
– Tertio : Si vous sentez que la demande était bien fondée (et non radicalement « mal fondée » pour vous), trouvez un moyen quelconque de compenser votre refus.

Voici un exemple concret :

Votre manager vous demande de rester une heure de plus pour finir le dossier sur lequel vous travaillez et qui doit partir chez le client le lendemain matin au plus tard à dix heures.
Si vous restez, vous allez vous mettre dans un sacré embarras car vous avez des obligations familiales qui nécessitent de partir à l'heure dite.

Vous refusez ainsi :

« Je comprends que vous ayez besoin de moi pour finir ce dossier car la proposition est urgente. Néanmoins, j'ai des obligations familiales qui nécessitent que je parte comme prévu à 17 H 30. Je peux venir une heure plus tôt demain matin pour boucler le travail et que la proposition soit prête à temps ».

Pratiquez cet exercice entre amis jusqu'à ce que le réflèxe de refuser avec courtoisie soit bien ancré en vous.

Dans le même esprit, montrez-vous capable de refuser des marques d'attention et d'affection indésirables. L'exercice s'avère délicat d'autant que ce sont de pseudos messages positifs. Il importe de les repérer à l'aide de la clé observation.
En voici un florilège :

Des compliments faux et artificiels, des compliments sarcastiques, des compliments intéressés, des embrassades et des touchers envahissants, des compliments ou caresses dans des circonstances inappropriées, des compliments ou caresses qui ont déjà été refusés.

Selon quels critères reconnaissez-vous les situations où quelqu'un vous offre des marques d'attention et d'affection inconvenantes ou indésirables ?

Vous vous sentez gêné, embarassé, mal à l'aise.Vous sentez que la relation est fausse. Vous vous figez. Vous éprouvez une réaction physique de recul. Vous vous sentez pris dans une situation que vous n'avez pas choisie. Vous avez envie de fuir.

Vous refusez avec courtoisie :
– Primo : Vous décrivez ce que fait ou dit la personne. « J'observe que... »
– Secundo : Vous exprimez votre sentiment, vos sensations, et vos pensées sur ce qui se passe.
– Tertio : Vous les refusez avec courtoisie.

Voici un exemple : Au cours d'une soirée d'entreprise, votre manager, avec lequel vous n'avez jamais été en sympathie, vous couvre de compliments devant les autres depuis cinq minutes. Vous savez qu'il a besoin de vous sur un dossier dans les jours qui viennent, et que vous pouvez refuser car ce n'est pas dans vos attributions. Bref, sa manœuvre est claire : il tente de vous « acheter », de vous manipuler.

Vous réagissez ainsi :

« Que de compliments dites moi Joel. Je n'avais jamais reçu cela de votre part, et je ne m'attendais pas à cet excès de gentillesse. Néanmoins, je ne vous cacherai pas que cela me met mal à l'aise, que je ressens une certaine gêne pour toute une kyrielle de raisons que je ne souhaite pas développer ici. Je vous demande donc de cesser sur le champ. Je vous en saurai gré ».

Variante :

Vous commencez en reconnaissant le caractère indésirable de ces marques d'attention ou d'affection.
Vous la refusez en donnant vos raisons. Cette seconde possibilité est plus ferme.

Il est très bénéfique pour l'estime de soi de s'autoriser à dire non. Méfiez vous des faux « oui ». Quand on dit « oui » à un autre alors qu'on veut dire « non », c'est à soi qu'on dit non. Tous ces faux « oui », en s'accumulant sappent l'image de soi. On a tendance à se mépriser. L'utilisation des clés FORCE vous permettront de vous autoriser et vous aideront à vous sentir plus libre.

Selon une étude suédoise parue en novembre 2009 dans le « Journal of epidemiology and Community health », les salariés qui se sentent victimes d'une injustice sur leur lieu de travail mais n'en disent rien ont trois fois plus de risques de faire un infarctus que ceux qui affrontent ouvertement le problème. Explication possible : le temps passé à ruminer ferait grimper le niveau de stress, menaçant ainsi leur santé cardio-vasculaire. Parler ou se taire ? Choisissez de parler, c'est meilleur pour la santé.

**L'effet cocotier :**

La pratique du trousseau FORCE vous servira d'antidote aux pratiques du management noir. Leurs manifestations s'apparentent parfois à celles d'un cataclysme. De toutes les espèces d'arbres, la seule capable de résister à toutes les intempéries, cyclones y compris, ce sont les cocotiers.

« J'ai longtemps habité Tahiti, les cocotiers ça me connaît, nous dit Sarah lors d'un débat participatif. C'est un arbre incroyable. Quand un cyclone survient et qu'il n'y a plus d'espoir d'être évacué, les habitants choisissent un cocotier, le coupent à une certaine hauteur et s'attachent au tronc du cocotier. Pendant tout le temps du cyclone, rien ne résiste sur l'atoll sauf cet arbre ». Pourquoi le cocotier est-il si résistant ?

Cet arbre, de la famille des palmiers, est pourvu de racines très profondes, nombreuses (on parle de plusieurs milliers de racines assez fines qui forment un matelas dense, et d'autres plus grosses qui atteignent quatre à cinq mètres de profondeur) longues et ramifiées. Elles lui assurent un ancrage phénomènal qui lui permettent de résister même aux tsunamis.

De plus, la texture de son tronc, nommée stipe, lui confère une souplesse à nulle autre pareille. À l'aide du trousseau FORCE, vous parviendrez à rester debout même dans un environnement où le management noir a pour dessein de tout faire plier sur son passage. Vous serez un exemple de Résistance pour les autres. Dans la tradition celtique, les druides qualifiaient les arbres de « grands frères de lumière ».
À l'image du roseau de la fable, qui plie mais ne rompt pas, vous saurez exprimer en vous la force du cocotier.

### b) Le Management 4 G

La révolution managériale que nous appelons de nos vœux, que nous considérons comme nécessaire et urgente pour avoir un chance de sortir de cette crise sanitaire qui frappe le monde du travail, nous oblige à passer d'un management de « l'avoir » à un management de « l'être ».

Le modèle dominant demande aux managers d'être des gestionnaires, l'œil rivé sur la productivité, l'évaluation, les scores. À quel prix ? Au détriment de la santé de leurs équipiers.

La révolution managériale a pour but d'inverser la tendance. Nous proposons d'entrer dans l'ère du management « 4 G » : Un management Génératif, de la Générosité, de la Gratitude et de Genre féminin. Pour ne pas risquer d'être taxé d'angélisme, de proposer des comportements doucereux dans un monde féroce où seuls les killers peuvent survivre dans cette « guerre économique » sans se faire manger, nous démontrerons par la preuve, qu'ils n'empêchent pas d'être efficace et permettent à une entreprise d'engranger des bénéfices.

## Le management génératif

*Les gens croient à leurs réalités limitées*
*jusqu'à ce qu'ils découvrent d'autres réalités.*
Milton Erickson

Nous évoquons ici la possibilité d'une collaboration générative d'un manager et de son équipe. Elle est fondée sur la capacité d'une équipe à travailler ensemble pour créer quelque chose de nouveau, au-delà de ce qu'aurait pu concevoir, seul dans son coin, l'un ou l'autre des membres de l'équipe. En favorisant la collaboration générative, une entreprise se donne les moyens de profiter pleinement des capacités de chacun. Dans le même temps, les acteurs de l'équipe découvrent eux-mêmes des ressources souvent insoupçonnées en partageant leurs idées et leurs réalisations.

Les résultats de l'équipe, prise dans son ensemble, s'en trouvent ainsi accrus au-delà de ce que les individus pourraient accomplir s'ils avaient travaillé chacun de leur côté.

Deux entreprises américaines répondirent à un appel d'offre. La première mobilisa une équipe de deux cents personnes pour produire une proposition. La seconde fit travailler seulement onze équipiers sur le projet. Cette dernière emporta le marché. Une des raisons majeures du succès de la seconde équipe sur la première, fut que la collaboration générative fonctionna à merveille, alors que dans la première, les conflits d'intérêts, de rôles, les luttes intestines, la rétention d'information, la volonté de tirer la couverture à soi, bref, une communication BQR, leur fit perdre un temps fou et créer un projet moins performant que celui de la seconde équipe pourtant plus restreinte.

La collaboration générative est fondée sur les travaux de Peter Senge portant sur les communautés apprenantes. Elle comporte trois éléments constitutifs : la recherche, le développement des capacités et la pratique. Les équipiers collaborent et travaillent en co-intelligence pour produire.

Le manager génératif ne veille pas à apprendre uniquement du passé. Il est focalisé sur les besoins futurs. Il vise à établir une organisation du travail plus agile et facilitant les nouveaux savoirs, issus du travail collaboratif.

Le manager génératif exerce un leadership transformationnel. Ce type de pratique, à l'instar de l'approche systémique, de la CNV, du forum ouvert, constitue une approche appréciative. Le terme appréciatif signifie ici : apprécier ce qui fonctionne déjà et promouvoir les ressources existentes afin d'atteindre ensemble la vision d'équipe.

Ce concept de collaboration générative a été développé par le coach Robert Dilts. Elle combine la cocréation et la communication en équipe. La révolution managériale passe par le développement d'une telle pratique.

C'est avant tout un processus. Qu'est ce qu'un processus ? Une suite d'opérations aboutissant à un résultat. Ce processus se déroule au sein d'une équipe. Un groupe, cela se gère. La non directivité, l'autogestion, malgré leurs caractères séduisants ont prouvé leurs limites et leur inefficacité patente dans de nombreux contextes. Une équipe a besoin d'un leader, un manager, un gestionnaire. La gestion c'est faire en sorte que les choses soient faites, par des personnes en interaction.
La production est alors satisfaisante et les relations sont saines.

**ORMI** : Faites une liste de vos expériences d'équipe qui vous ont été agréables, qui ont produit d'excellents résultats et qui vous ont procurées une énergie nouvelle.

Les entreprises demandent formellement à leurs collaborateurs d'épouser les valeurs de la structure, de comprendre ses objectifs, d'adhérer à ses fins, voire d'aimer ses produits. Une réelle collaboration générative existe lorsque l'entreprise, de son côté, s'adapte aux besoins fondamentaux de ses membres et tient compte de leurs valeurs.

Il existe trois conditions essentielles pour qu'une équipe puisse travailler en collaboration générative :

Que les équipiers se sentent en sécurité.

– Le respect de leur autonomie. Rosenberg, le père de la communication non violente, situe le besoin d'autonomie au premier rang des besoins.

– Enfin, un altruisme pour son propre intérêt. À savoir, que les équipiers estiment avantageux d'un point de vue égoïste, d'agir de façon altruiste.

Des études de sociobiologie attestent que nous sommes essentiellement égoistes. Toutes nos manifestations d'altruisme serviraient à satisfaire nos besoins. L'éthologie, science du comportement animal, nous dévoile que dans toutes les espèces animales les comportements interactifs purement altruistes se passent entre membres d'une même famille. Selon la sociobiologie, plus le lien génétique est fort, plus il est probable d'observer des comportements d'altruisme entre les individus. À l'autre bout du *continuum*, s'il n'y a pas de liens génétiques, il est démontré que les individus agissent de façon altruiste avec l'objectif, conscient ou inconscient, de combler des besoins égoïstes.

Le management génératif prône l'apprentissage par l'action. C'est son moteur organisationnel. Il s'inscrit nécessairement dans une logique d'accroissement de la conscience du bien commun. Le management génératif permet l'innovation. Comment des entreprises comme Apple, Patagonia ou Toyota se démarquent elles de leurs concurrentes ? Qu'ont en commun les milliers d'entreprises qui innovent continuellement et qui réussissent ?

Elles pratiquent l'innovation en réseau. Cette dernière partage avec le management génératif cette règle centrale :

Toutes les idées sont bonnes pourvu qu'elles servent la vision. Le manager génératif est le gardien de la vision. La collaboration générative ajoute une notion de co-développement à la simple collaboration. Il existe quatre croyances fondatrices permettant le management génératif :

Le changement peut également survenir en tant que fruit d'une entente entre patrons et employés.

L'intelligence collective est le moteur du processus.

L'adhésion de la direction à la vision est aussi importante que l'adhésion et la capacité d'apprentissage des employés de toutes les unités et à tous les échelons de la hiérarchie.

La direction s'engage à mettre en œuvre les orientations proposées par les acteurs de l'entreprise, dans la mesure où les moyens de l'organisation le permettent.

Le manager génératif doit tenir compte de quatre paramètres fondamentaux :

– Il inclue les équipiers d'une façon flexible,
– Il donne un pouvoir réel aux participants par le dialogue,
– Il prouve, par la pratique, l'importance d'un leadership de terrain,
– Il est conscient de la nécessité d'exercer un suivi.

À la différence d'un management BQR, fondé sur des relations d'emprises, ou le manager énonce des ordres, des directives, parfois de façon agressive, faisant preuve d'irrespect, de fermeture, de méchanceté, le manager génératif formule des demandes et non des exigences.

**ORMI** : « Gisèle, pouvez vous me photocopier ce dossier ? ». « Marc, pensez- vous qu'il soit possible de boucler ce dossier pour le 21 septembre ? »

L'ambiance de travail s'en ressent immédiatement.

## Le management généreux

*Fais le bien, et oublie le.*
Proverbe arabe.

Peut-on être manager et généreux ? Une étude « coup de jeune », menée auprès de cinq cent managers leur demandant quelles étaient les principales qualités d'un manager au XXIe siècle nous donna les résultats suivants : un manager se doit d'être un gestionnaire, doué d'une bonne autorité, charismatique, persuasif, tenace, résistant, clairvoyant. La générosité n'apparaissait qu'en quatorzième position.

Un grand nombre de managers nous ont même assuré qu'un team leader devait se montrer très souvent intransigeant. Quant à la générosité, ils étaient 57 % à la considérer comme inutile dans leur métier. Le modèle dominant demande aux managers d'être des rapporteurs de gains. « On nous demande d'être de bonnes gagneuses, nous avoua un manager dans le secteur bancaire. La générosité, oui, mais pour ne pas compter le temps passé pour l'entreprise ! Pas envers nos équipiers ».

Qui dit générosité, évoque l'altruisme. Or, le modèle dominant se fonde sur l'égoïsme à tout craint. C'est la logique de la compétition à outrance, la volonté de doubler l'adversaire. « Le sujet humain est doté de deux logiciels indissociables : un logiciel égoïste et un logiciel altruiste, explique Edgar Morin. La potentialité altruiste, qui s'actualise à des moments critiques (nous l'avons vu pour le séisme d'Haiti), est généralement sous développée ».

Dans la majorité des cas, on demande aux managers de faire appel à leur égoïsme. Le manager est égocentré car il souhaite ne pas se faire prendre sa place par plus gourmand, plus méchant que lui. Il se conforme aux comportements de ses modèles et il sait que c'est l'attitude à adopter pour grimper dans l'organigramme de son entreprise. On connaît les dégats que font de telles postures.

« L'espèce humaine est vouée à la fois à la compétition et à la coopération, affirme le sociologue Éric Dupin. L'hypertrophie de la première au détriment de la seconde est source de graves déséquilibres.

La logique de guerre économique dégénère en guerre incivile, laquelle nous dissocie les uns des autres et détruit le sentiment d'appartenance à une société. Cela fait naitre la « dissociété ». C'est une véritable violence culturelle qui s'exerce aujourd'hui sur le corps social pour le convaincre que l'intérêt de chacun passe par l'oubli d'autrui ». Cela s'articule sur ce précepte ô combien pertinent aux yeux des capitalistes : « Les vices privés font les vertus publiques ». Il nous semble évident que le management a un rôle à jouer dans le développement de la potentialité altruiste de l'être humain. Cela passe par des comportements généreux. Le terme générosité vient du latin *generoso* qui signifiait « de bonne race ». C'est au XVII<sup>e</sup> siècle qu'il prit son sens de libéral. Un être généreux sait donner et il agit en conséquence. De quoi un manager peut-il faire don à son équipe ?

**ORMI** : Faites don de votre temps.

**ORMI** : Rendez des services, prêtez main forte, faites profiter vos équipiers de votre savoir faire. Montrez-vous capable de mettre la main à la pâte et d'effectuer des tâches a priori jugées subalternes par rapport à votre statut. C'est ce qui se passe tous les jours dans de nombreuses TPE. Il arrive souvent que le patron fasse les photocopies. Le fait que tout le monde soit « au four et au moulin », selon le dicton, a des effets très bénéfiques sur le climat de travail régnant au sein de telles structures.

**ORMI** : Pardonnez.

Un manager généreux, c'est également un être capable de pardonner. Le pardon est indispensable à toute vie sociale. Il permet la reprise des relations avec l'offenseur, d'aller de l'avant, même si l'offense n'est pas oubliée. Comment définir le pardon ?

Une étude américaine récente demandait aux personnes interrogées d'énumérer tous les qualificatifs qui leurs venaient à l'esprit au sujet du pardon en un temps limité, puis de les classer en fonction de leur importance dans la définition de ce terme. Les expressions les plus fréquentes furent : digne de confiance, sincère, esprit ouvert, prendre soin, seconde chance, apprendre de ses erreurs, trouver une solution à un problème, acte d'amour, admettre que tout le monde fait des erreurs. Le fait de pardonner a des répercussions sur l'équilibre psychique des acteurs, celui qui pardonne et celui qui est pardonné. On peut également pardonner à un groupe tout entier, ou l'inverse. Enfin, il est important de pouvoir se pardonner. Combien de fois a-t-on entendu « je ne me le pardonnerai jamais ». Dans une autre étude portant sur plus de mille personnes de tous ages, quatre aspects essentiels du pardon ont été mis en avant :

– Le pardon serait un « changement de cœur », à savoir, le remplacement d'émotions, de pensées et de comportements négatifs vis-à-vis de l'offenseur par des émotions, pensées et comportements neutres.
– Le second aspect tient au fait que le pardon n'est pas nécessairement limité au couple offenseur-offensé, et qu'il peut concerner des tierces personnes.
– Troisièmement, le pardon est perçu comme susceptible d'encourager l'offenseur à faire amende honorable et à mieux se comporter dans le futur.
– Dernier aspect, il n'est pas immoral de pardonner.

Le pardon est le don que l'on fait de son droit au ressentiment après avoir été victime d'une offense. Il est le fait de vaincre son ressentiment envers l'offenseur, en s'efforçant de le considérer avec bienveillance. Diverses enquêtes ont montré que les émotions de la personne qui pardonne deviennent plus positives et que ses comportements sont plus chaleureux. *A contrario*, la persistance de pensées rancunières s'accompagne d'une élévation des émotions négatives et du stress. Les personnes à estime de soi basse et instable ont plus de difficultés à pardonner que les autres. Nous ne saurions trop inviter les managers à pardonner, c'est meilleur pour leur santé, pour celle de leur équipe, et cela améliorera les relations et la communication au sein de l'entreprise.

**ORMI** : rappelez-vous les situations au cours desquelles vous avez pardonné à des membres de votre équipe. Comment vous êtes-vous senti ?

**ORMI** : Lorsqu'un collaborateur a commis une erreur, même si cette dernière est préjudiciable pour votre équipe et pour l'entreprise, efforcez- vous de lui pardonner.

Une étude très sérieuse a démontré que des banquiers auxquels on avait fait respirer de l'ocytocine, étaient devenus plus généreux envers leurs clients. L'ocytocine, c'est l'hormone de l'amour.

Depuis quelques temps des laboratoires de recherche tentent de la reproduire d'une façon artificielle. Ils appellent cela, « créer un mime ». L'affaire est compliquée, tant la nature a particulièrement bien protégé le fonctionnement de cette molécule qui favorise l'altruisme. Les scientifiques cherchent la clé qui saura ouvrir le coffre.

Les humains produisent de l'ocytocine quand ils font l'amour, se font masser, s'embrassent ou encore quand ils se régalent en mangeant un met qu'ils apprécient. Dans quelques temps, il sera peut être possible de faire respirer de l'ocytocine à des managers BQR pour les rendre plus généreux.

**Le management de la gratitude :**

> *Développer en soi le sentiment de gratitude, cela signifie ne rien prendre pour un dû, mais constamment rechercher et donner de la valeur à la bonté présente derrière l'action. Rien ne va de soi. Tout commence par une volonté de bien agir qui est dirigée vers vous. Développez donc en vous la capacité d'exprimer votre gratitude par la parole ou l'action.*
>
> Albert Schweitzer

Autant le management noir développe des pratiques fondées sur l'ingratitude, autant la révolution managériale doit favoriser et répandre des attitudes de gratitude. Chaque jour un manager a l'occasion d'éprouver de la gratitude pour son équipe et pour chaque collaborateur en particulier. La gratitude est un état d'esprit, un sentiment de reconnaissance envers une personne dont on a reçu un bienfait ou un service. Ce terme dérive du latin *gratia*, qui signifie faveur, et associe le don et l'émotion positive qu'il engendre. La gratitude est donc une émotion déclenchée par un don.

La gratitude est à la fois un vecteur de bien être social et un facteur important du bien être psychologique. Diverses études récentes ont révélé que les personnes habituellement reconnaissantes sont plus heureuses, plus énergiques, plus optimistes, plus serviables, plus empathiques et qu'elles éprouvent d'avantage d'émotions positives comme la joie ou l'émerveillement. Selon Sonja Lyubormirsky de l'Université de Californie plus une personne a un niveau élevé d'orientation reconnaissante, moins elle présente de symptomes anxieux et dépressifs, de sentiments de solitude, d'envie ou de frustration.

Par ailleurs, on constate que les effets liés à la gratitude sont d'autant plus importants que l'on prend conscience de ces moments ou événements particuliers.

Dans une étude réalisée en 2003 sur des étudiants américains à l'Université de Miami, le professeur Emmons avait réparti les participants en trois groupes.

Il demanda au premier de noter une fois par semaine cinq événements qui suscitaient en eux un sentiment de reconnaissance. Le deuxième groupe devait noter chaque semaine cinq soucis et le troisième groupe cinq événements de leur choix. Au bout de dix semaines, les participants ayant exprimé régulièrement de la gratitude se sentaient plus optimistes et plus satisfaits de leur existence que les autres. De plus, ces personnes signalaient moins de troubles, tels que migraines, maux de ventre, acné que les autres.

**ORMI : Conscientiser les obstacles à l'expression de la gratitude.**

Il apparaît parfois difficile à certaines personnes d'exprimer leur gratitude. De fait, il existe des obstacles intrinsèques à la manifestation aisée de la gratitude. Il convient de les connaître pour parvenir à les conscientiser afin de décider de les dépasser et d'agir. Ils sont au nombre de cinq.

L'ultra perfectionnisme :

Le manager qui est dans la logique du « sois parfait » ne perçoit que l'imperfection. Il n'exprime pas sa gratitude à ses équipiers parce que ce qui est produit par ses collaborateurs n'est jamais à la hauteur de ses attentes. Fritz Perls, fondateur de la Gestalt Thérapie, disait que le perfectionnisme était comme un « mauvais sort » pour celui qui en est atteint et ceux qui l'entourent.

Les représentations négatives :

Elles sont fondées sur des croyances négatives. En voici un florilège : « Je ne dois rien à personne ». « Je me suis fait tout seul ». « Ce sont les autres qui me doivent tout ». « La gratitude, c'est contre-productif et cela n'améliorera pas les résultats de mon équipe. Au contraire, il y a fort à parier que mes collaborateurs s'endormiront sur leurs lauriers ».

« La vie a été dure avec moi. J'ai eu tellement de malheurs, traversé tant de drames, eu tant de pertes, vécu tant de désillusions ».

« J'avais rêvé d'une autre vie, mais la vie a tué mes rêves ». « C'est une chienne de vie. Je ne vois pas pourquoi je devrais exprimer ma gratitude ».

L'égocentrisme :

Le manager qui se considère comme le nombril du monde. Il ne considère que son point de vue, ses valeurs en faisant abstraction de son point de vue et des valeurs des autres.

L'inattention :

Ce manager est centré sur un objectif à atteindre et ne voit pas vraiment ce que font ceux qui l'entourent. Il a tendance à les oublier. Or, la gratitude repose sur une constatation, et pour pouvoir « constater », il est nécessaire de prêter attention.

L'incapacité à reçevoir :

Certains individus n'ont pas appris à recevoir. Ou bien, ils ont tant souffert dans leur enfance ou leur adolescence qu'ils se sont constitués une carapace qui les rend perméables à toute gratitude. Chez certains, c'est dû à une distorsion liée à l'éducation, à la manière dont on leur a enseigné le rapport à l'autre, parfois par des valeurs religieuses :

« On n'a pas le droit de vouloir quelque chose pour soi, c'est égoiste ». « Ceux qui, dans la vie, parviennent à leurs fins sans l'aide ou le soutien de qui que ce soit, sont particulièrement admirables ».

**ORMI : L'utilisation du JEM comme « journal de gratitude ».**

Chaque soir, prenez trois minutes pour noter dans votre journal d'écologie managériale quatre événements,actions produites par d'autres au sein de votre journée de travail qui vous ont procuré du plaisir, de la joie,et pour lesquels vous êtes reconnaissant(e). La régularité est très importante si l'on veut obtenir des résultats pour son bien être.

**ORME : cultivez la reconnaissance.**

Trop de managers estiment inutile de complimenter un salarié. « Il reçoit son salaire, c'est bien suffisant ! », disent- ils. Or, « la reconnaissance est un besoin fondamental de l'être humain, car elle nourrit l'estime de soi » affirme le psychiatre Christophe André. Tout travailleur perçoit deux rétributions. Une rétribution classique, le salaire et une rétribution symbolique qui revêt une forme spécifique, celle de la reconnaissance. Les analyses psycho-sociologiques les plus approfondies montrent qu'au-delà du salaire, c'est la rétribution symbolique qui est la plus importante pour la santé mentale.

La reconnaissance doit s'entendre ici au double sens du mot : gratitude d'une part, et reconnaissance de la réalité de ce qui a été apporté par le sujet qui travaille d'autre part. Pour avoir son efficacité symbolique, la reconnaissance passe par des jugements.Ceux-ci prennent deux formes. La première est celle du jugement d'utilité. Il s'agit de l'utilité économique, sociale ou technique de la contribution apportée par le travailleur. Le désir d'être utile est psychologiquement crucial. C'est pourquoi la mise au « placard » et le chomage s'avèrent tellement dangereux pour la santé mentale. On a le sentiment de devenir inutile à autrui.

Seconde forme de jugement, celui de beauté. Il s'énonce toujours en termes esthétiques : « C'est de la belle ouvrage »,

« c'est un beau dossier très bien présenté », « c'est une démonstration élégante ».

Ce jugement est d'autant plus fort et nourrit d'autant mieux l'estime de soi qu'il est proféré par des pairs. Il octroie en retour l'appartenance à un collectif, à un métier, à une communauté. Reconnaissance et identité se lient. Grâce au jugement de beauté, la reconnaissance confère un statut à celui qui travaille : c'est un mécanicien comme les autres mécaniciens, un informaticien comme les autres etc. L'enjeu de la reconnaissance symbolique est considérable. C'est celui de l'identité qui cherche à s'accomplir. Or, l'identité est l'armature de la santé mentale. On comprend que le travail puisse occuper une place centrale dans la construction et le maintien de l'équilibre psychique et somatique.

Travailler ce n'est jamais uniquement produire, c'est aussi se transformer soi-même. On ne félicite jamais assez. Il est essentiel que cela soit fait avec sincérité.

**ORME : Le Tableau Aux Gratitudes. (TAG)**

Proposez à votre équipe de consacrer un tableau sur lequel ils puissent exprimer par écrit (ou par un dessin, une image) leur gratitude envers l'un ou l'autre de leurs collègues. C'est le TAG. Ils peuvent laisser ce message aussi longtemps qu'ils le désirent. Eux seuls peuvent s'autoriser à l'ôter. Néanmoins, à la fin de chaque mois, on libère l'espace pour le mois d'après.

En fin d'année, on peut prendre plaisir à relire les plus beaux messages qui nous auront été adressés. Cela réhaussera le sentiment de bien-être au travail de votre équipe.

Un salarié satisfait, c'est trois autres salariés heureux. Un salarié mécontent, c'est dix autres salariés qui font la soupe à la grimace.

Ce qui vaut pour la clientèle vaut pour l'équipe.

**Le management de genre féminin :**

*La femme est l'avenir de l'homme.*
Louis Aragon

Le management noir puise ses racines dans les valeurs et les pratiques masculines : la compétition à outrance, montrer ses muscles, sortir ses armes dans la volonté de tuer son concurrent qui est perçu comme un ennemi. « Le Killer instinct » est porté aux nues. Autant de pratiques qui fleurent bon la mâle attitude.On ne connaît que le rapport de force. Les fleurs du mâle pullulent dans le jardin capitaliste. Comme c'est la guerre,à l'image du Cid, « on porte sur le front une mâle attitude ». On se montre vaillant guerrier. Rien d'étonnant à ce que sur les deux millions de managers officiant en France on compte une majorité d'hommes : 70 % d'hommes contre 30 % de femmes. Les femmes sont donc sous-représentées dans la population managériale française. La révolution managériale doit opérer un rééquilibrage en la matière.

Par ailleurs, nous appelons de nos vœux un management de genre féminin. Qu'est ce que le genre féminin ?

Depuis quelques années, se développent des recherches autour du thème du genre en lien avec le management. Une analyse selon le genre s'intéresse aux constructions sociales et culturelles autour des différences biologiques des femmes et des hommes qui influencent la représentation stéréotypée à leur sujet. Ces différences sont contextuelles. Elles changent selon les pays, les cultures, les groupes sociaux et varient selon les époques. Quatre notions s'avèrent importantes pour réaliser une analyse qui intègre le genre : les stéréotypes féminins et masculins, les rôles sexués, l'inégalité des femmes et des hommes et la hiérarchisation du féminin et du masculin.

Et si la crise que traverse notre civilisation était celle du masculin ? C'est la question centrale que pose Rafik Smati dans son livre *Vers un capitalisme féminin*. Le capitalisme versus masculin est basé sur la guerre, la prise de risques, la conquête. Ce modèle a-t-il toujours autant de sens ? Le capitalisme est-il génétiquement masculin ? La testostérone, l'hormone male, met-elle la planète en danger ?

Un capitalisme féminin serait en effet assurément un capitalisme plus apaisé, conscient de la limitation des ressources et de l'importance de l'éducation, un capitalisme probablement moins ludique et plus prudent. Rafik Smati n'hésite pas à parler de « crise du masculin » et à prédire l'avènement d'un capitalisme féminin. Il passera forcément par l'implantation d'un management de genre féminin.

Par-delà, la nécessaire présence plus importante de femmes dans les équipes d'encadrement, ces pratiques pourront être véhiculées par des hommes. Chacun sait, depuis Yung, que tout être a une part féminine (l'anima) et une part masculine (l'animus) au-delà du sexe. Et ce n'est pas être efféminé que d'exercer une pratique managériale de genre féminin. Les femmes sont plus enclines à l'empathie, la gratitude, la générosité. Un grand nombre d'entre elles ont un quotient émotionnel plus développé que celui des hommes, c'est souvent lié à l'éducation.

De plus, on dit qu'un certain nombre de femmes sont multitâches quand une majorité d'hommes se révèlent monotâches. Chacun connaît l'anecdote cocasse au sujet du Président Ford dont on dit qu'il ne pouvait marcher et mâcher un chewing gum en même temps. Le forum des femmes s'est déroulé à Deauville début février 2010. Les études commandées pour l'occasion ont démontré que, plus il y a de femmes aux commandes d'une entreprise, plus celle-ci était rentable.

Second point, plus les sociétés sont féminisées au niveau de leurs cadres, mieux elles résistent à la crise. Concrètement, plus l'encadrement est féminisé, moins leur cours de bourse a chuté. Des entreprises comme LVMH ou Hermès qui comptent plus de 50 % de cadres féminins résistent mieux à la crise que d'autres structures.

Dans le secteur banquaire, BNP Paribas affiche le taux d'encadrement féminin le plus important. On y dénombre 40 % de femmes contre 16 % au Crédit Agricole et 8 % Chez Dexia. Pour quelles raisons ces entreprises résistent elles mieux grâce aux femmes ?

Selon l'étude, elles sont stratégiquement plus prudentes et prennent donc des décisions moins risquées. En mai 2010, le magazine *Elle* rendait public le résultat des travaux des seconds États Généraux de la femme. Quarante ans après la première aventure, beaucoup de choses ont changé pour les femmes. Mais il reste beaucoup à faire. Durant plusieurs mois, le magazine a écouté, réflexions, états d'âmes et propositions des femmes de France. Elles en ont tiré un livre blanc. Il contient vingt-quatre propositions pour changer concrètement la vie des femmes et celle des hommes. Trois d'entre elles ont retenu tout particulièrement notre attention car elles s'inscrivent au cœur d'une démarche HQR au travail :

Les femmes sont « pour une organisation individualisée du temps de travail privilégiant la productivité sur la présence effective : Nous proposons d'interdire les réunions avant 9h et après 17 h au sein des administrations et des grandes entreprises ». Elles se mobilisent également pour « développer une politique de quotas dans les comités de direction et autres lieux de prise de décision : Nous proposons l'instauration d'un quota de 50 %, à atteindre progressivement, pour les comités de direction et autres lieux de décision, afin de permettre la généralisation de la promotion des femmes à des postes à responsabilité ».

Enfin elles militent « pour un leadership au féminin » : Pour accéder à des postes à responsabilité, les femmes souffrent aujourd'hui de la difficulté à afficher leur ambition et à se projeter dans des positions de pouvoir. Pour contrecarrer ces handicaps, nous demandons que, dans le cadre des services de ressources humaines, soient systématiquement mis en place des programmes d'accompagnement personnalisés pour les femmes.

En ces temps de crise, dans le secteur économique comme dans le secteur managérial, il semble bien qu'Aragon voyait juste et que la femme soit l'avenir de l'homme. Certaines femmes sont porteuses d'un nouveau modèle de société.

Elles sont une chance pour l'avenir du management.

Nous comptons sur elles pour insuffler la Haute Qualité Relationnelle en entreprise.

# Troisième partie : Le management Haute Qualité Relationnelle

*Où est l'amour des humains, là est aussi l'amour du métier.*
Hyppocrate

La crise sanitaire sévit toujours dans les entreprises.

Hausse du taux de suicides sur le lieu de travail de 40 % en un an selon l'institut de veille sanitaire, maladies liées au stress en augmentation de 25 % en cinq ans, les médecins du travail dont les cabinets ne désemplissent pas d'individus souffrant de détresse psychique liée à leur quotidien professionnel. Les restructurations sont mal vécues, les réformes dans la fonction publiques créent des troubles parmi les fonctionnaires. Les délocalisations et les plans sociaux s'enchainent dans le secteur privé.

Alors qu'au niveau économique certains évoquent une hypothétique sortie de crise, le dernier rapport de l'OFCE (l'Office Français des Conjonctures Économiques) indique le contraire : « Hausse du chômage, baisse des investissements, explosion des déficits publics et une faible croissance, comment certains peuvent-ils affirmer que nous sommes dans l'après crise ? » « Nous soutenons que nous ne sommes toujours pas sortis de cette crise, affirme Éric Meyer. On annonce pour 2010 un déficit public de l'ordre de 8, 5 % du PIB et les promesses de croissance annoncées par le gouvernement sont trop optimistes ».

Le modèle économique fondé sur la croissance, l'ultra consumérisme, la productivité tous azimuth bat de l'aile. Aux faillites de banques succèdent les faillites d'États. Ironie du sort, la Grèce, berceau de notre civilisation, s'est vue trainée dans la boue durant plusieurs mois. « On nous traite comme des misérables. L'UE a tardé à nous aider. Ils ont fait appel au FMI, comme pour les pays les plus pauvres », s'exclame Kostas, fonctionnaire à Athènes. « C'est encore les classes moyennes qui vont payer pour des erreurs de gestion qu'elles n'ont pas commises ».

Imaginez combien l'estime de soi du peuple Grec en prend un coup. Les salariés sont devenus la variable d'ajustement de la crise. Il nous faut inventer un nouveau modèle de société. L'erreur majuscule serait de continuer dans ce sens. La transformation de la société passe par la transformation du management. Alors que le modèle dominant génère l'inéquité, nous oeuvrons pour un management équitable. Il est grand temps de replacer l'humain au centre et que les managers prennent conscience des dégats causés par le management noir.

### a) Un manager soucieux des risques psychosociaux

À l'instar du manager à dominante BQR qui n'a cure des conséquences de ses comportements sur la santé de ses équipiers, le manager Haute Qualité Relationnelle se montre soucieux du bien être de ses collaborateurs. À cet effet, il s'intéresse aux risques psychosociaux. Que regroupe ce terme ? Il s'agit d'une notion très englobante qui intègre toutes les souffrances et les maladies liées au travail : le stress, les violences verbales et physiques, le harcèlement, mais également tous les facteurs de risques, tels la charge de travail ou encore l'organisation du travail. La France est très en retard en matière de prévention des risques psychosociaux par rapport à des pays comme le Canada ou ceux du nord de l'Europe.

Dans son livre paru en 2009, *Les risques psychosociaux*, Bénédicte Haubold précise que les entreprises peuvent être classées en trois catégories. Les plus impliquées sont aussi les plus riches. De grande taille, elles ont un besoin aigu de fidéliser les talents, comptent des syndicats forts et un CHSCT (Comité d'Hygiène et de Sécurité pour les Conditions de Travail) très actif sur ces thèmes. Elles sont aussi souvent originaires de pays en pointe sur le sujet, ceux d'amérique du nord notamment.

Le second groupe comprend des sociétés sorties du déni des risques après des traumatismes (suicides en lien avec le travail), comme chez Renault, ou poussées par une jurisprudence qui durcit les exigences à l'égard des chefs d'entreprise, comme c'est le cas chez SANOFI. Le dernier groupe est constitué d'entreprises paternalistes qui n'estiment pas devoir changer. Rares sont les PME qui prennent le problème de front. Les groupes les plus en pointe, même s'ils mettent l'accent sur des mesures curatives, du type gestion du stress, accompagnement des victimes, rechignent à faire ce que les experts appellent de la prévention primaire.

Rappelons que l'OMS définit trois niveaux de prévention.
– La prévention primaire est l'ensemble des moyens mis en œuvre pour empêcher l'apparition d'un trouble, d'une pathologie ou d'un symptome.
– La prévention secondaire est la prise en charge du problème au tout début de l'apparition du trouble qui peut ainsi être enrayé.
– Enfin, la prévention tertiaire permet de prévenir la déchéance sociale et somatique de salariés déjà installés dans des pathologies.

Il existe six familles principales de facteurs de risques psychosociaux :
– Les exigences au travail : La quantité de travail, la pression, le job strain, la complexité du travail et la nécessité de s'adapter en permanence.
– Les exigences émotionnelles : les relations au public, la peur au travail,
– L'autonomie : les diverses marges de manœuvre.
– Les rapports sociaux : toutes les relations au travail. La reconnaissance insuffisante, la mauvaise communication avec ses supérieurs.

– Les conflits de valeur : conflits d'éthique, la qualité empêchée.
– Et enfin, l'insécurité de l'emploi : sécurité et soutenabilité. Le salarié se questionne : Combien de temps vais-je pouvoir durer dans ce travail ?

Une étude d'AGEFOS PME, datée d'avril 2010, a permis de montrer que les salariés enquêtés estimaient que leurs services RH étaient motivés (70 %) pour résoudre les dysfonctionnements psychosociaux, mais qu'ils n'étaient pas outillés (76 %). À la question, « votre entreprise est-elle sur le point de mettre en place des outils visant à identifier les risques psychosociaux », ils répondirent non à 67 %.

Quelles sont les cinq solutions préventives privilégiées ?

En premier, sensibiliser les managers (98 %), puis mettre en place des formations à l'identification des situations à risque, disposer d'indicateurs d'alerte, clarifier de façon plus précise les besoins de formation enfin d'identifier les situations favorisant l'épanouissement au travail.

En synthèse, deux points apparaissent très clairement : le management doit être impliqué et interrogé et la formation a un rôle fondamental à jouer.

Comment un manager peut-il agir pour favoriser la prévention des risques psychosociaux ?

Tout d'abord, il peut se former. Il serait alors capable de repérer les facteurs de tensions :

Les changements de travail, les valeurs et exigences du salarié, ses relations, les comportements et les contraintes du travail.

Les compétences en matière de santé au travail des managers et des dirigeants devraient être certifiées. Elles sont à la fois éthiques (mettre l'homme au cœur du travail, donner du sens) et techniques (responsabilités juridiques, connaissance des risques).

Il peut également donner la parole à ses équipiers. Les salariés hésitent souvent à s'exprimer sur leur travail, de peur de perdre leur emploi ou d'apparaître faibles. Or, il ont souvent des réponses pertinentes face aux problèmes d'organisation (rythme, productivité). Il faut les écouter et, pour cela, créer des espaces de discussion au sein des entreprises.

Il peut s'échiner à lutter contre l'isolement. Les salariés se sentent de plus en plus seuls et isolés au travail. Restaurer un soutien social et le sens du collectif est urgent. Pour cela, il faut constituer des services à taille humaine, inciter à la bienveillance entre collègues, favoriser le travail des représentants du personnel et veiller à un véritable accompagnement de l'évolution des parcours professionnels.

Enfin, il serait judicieux, comme l'appelle de ses vœux Thierry Rochefort, directeur du développement de l'ANACT, d'inventer un poste de manager du travail. Trop souvent, les démarches de prévention ne sont pas suivies dans la durée.

Cette nouvelle fonction permettrait l'interface entre les directions opérationnelles, l'encadrement et les ressources humaines.

Pour qu'une démarche de prévention des risques psychosociaux s'avère efficace et durable il faut un engagement franc et sincère de la direction ainsi qu'un accord social. Il faut également prendre conscience de l'importance de l'histoire de l'entreprise. Chaque institution est le produit d'un parcours singulier qui lui confère une identité unique.

Il faut surtout employer une combinaison de méthodes subjectives (recueillir le vécu des salariés, leurs ressentis, leurs réflexions, leurs représentations) et objectives (signaux, indicateurs). On recueille ainsi, à la fois, ce qui fait tension et ce qui fonctionne bien.

Pour finir, nous insistons sur le fait qu'il faut impliquer les managers et tout l'encadrement sans jamais le culpabiliser.

## b) Les quatre socio-profils de manager HQR

L'un des objectifs majeurs d'un manager HQR est de s'ingénier au quotidien à pratiquer un management différencié. À l'inverse du management noir qui piétine allègrement les lois de la complexité de l'être, le management HQR cherche avant tout à mieux communiquer avec ses équipiers. À cet effet, il a la possibilité de se servir d'outils pour mieux se comprendre et mieux connaître ses collaborateurs.

Depuis plusieurs décennies, les chercheurs en psychosociologie de l'école de Palo Alto en Californie, nous offrent des outils très efficaces et particulièrement clairs, nous permettant de discerner à quelle catégorie de communicant nous appartenons. Voici un schéma qui, à coup sûr, éclairera le manager HQR.

Les deux pôles de l'axe vertical sont constitués des deux termes suivants :

Expansif : C'est le fait d'une personne qui exprime ses émotions.

Réservé : Cela concerne un individu qui, au contraire, exprime rarement ses émotions.

Les deux pôles de l'axe horizontal dessinent les comportements des individus lorsqu'ils communiquent.

Ascendant : Pour les individus qui aiment occuper le terrain par la parole et désirent avoir le dernier mot.

Consentant : Pour les personnes qui n'ont pas un besoin impérieux de s'exprimer verbalement.

Ces deux axes se croisent et forment le schéma suivant :

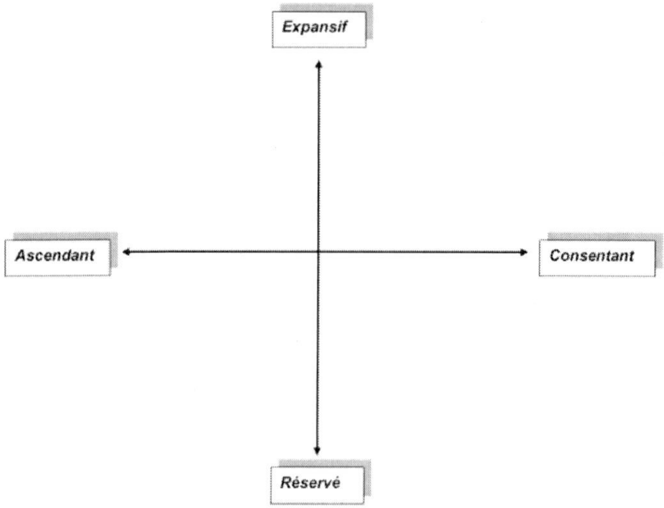


Ce schéma distingue quatre socio-profils, et vous donne l'occasion de conscientiser auquel de ceux-ci vous appartenez. Dans la foulée, il vous permet d'évaluer auquel appartiennent vos équipiers. Cela vous donnera la possibilité de vous ajuster, et de pratiquer concrètement un management différencié.

À présent, détaillons ces quatre socio-profils de manager afin de découvrir leurs traits caractéristiques.

Le manager qui est expansif et qui aime prendre l'ascendant, c'est le **visionnaire** : C'est une personne dynamique, enthousiaste, optimiste. Elle parle beaucoup. Elle fait de nombreux gestes et son visage est très mobile. Le visionnaire innove. Son moteur, c'est de créer de nouvelles choses. C'est un promouvant. Il est tourné vers le futur. Il aime être remarqué. Il appréciera les félicitations reçues en public. Ce manager est imaginatif, plein d'idées. C'est un créateur avec parfois un côté provocateur. Il aime les défis. Il s'exprime en terme de concepts, de grands projets, d'amélioration de nouveaux moyens et de nouvelles méthodes. Il aime construire des perspectives à long terme. Aux petites passerelles il privilégiera les grands ponts. En tant que manager, le visionnaire entrainera son équipe par son charisme.Grace à sa verve et son éloquence, il saura les galvaniser. Attention au revers de la médaille qui pourrait faire de ce manager visionnaire un cadre à dominante BQR : Il peut avoir un problème d'écoute et se montrer trop égocentré. Il n'est parfois pas assez présent, car obnubilé par ses désirs futurs. Il Il peut faire preuve d'impatience. Il devra méditer le conseil du vieux Boileau : « Hâtez vous lentement ».

Le second socio-profil de manager, c'est l'individu qui prend l'ascendant dans les discussions mais qui se montre réservé au niveau de ses émotions : le **contrôlant**. Il est terre à terre, plein d'énergie, direct, décidé. C'est un homme d'action. Il a peu de temps à perdre. On l'appelle le « soyez bref ». Il aime les projets rondement menés. C'est un décideur. Il s'exprime en terme de résultats, d'objectifs, de performances. Il a la culture du chiffre, pour ne pas dire le culte. Ce manager est généralement perçu comme sûr de lui. Il a son franc parler et s'appuie sur des faits concrets. Son temps de prédilection, c'est le présent. Il entrainera son équipe vers la réussite comme un officier de l'armée au front. Il considère d'ailleurs souvent la vie professionnelle comme un combat à mener. Qu'est ce qui peut lui faire produire un management noir ? Un déficit d'écoute, une non délégation du travail, une indifférence, une froideur quant à d'éventuelles difficultés vécues par ses équipiers.C'est parfois un handicapé des émotions. Il peut heurter les sensibilités et devenir un manager à dominante BQR. Ces deux premiers socio-profils de managers sont des pro-actifs.

Le manager consentant dans les discussions et réservé au niveau de ses émotions, c'est le **procédurier**. Il est concret, prudent. Il procède avec méthode et logique. Il s'exprime en terme de plans, d'organisation, d'essais. Il analyse, observe et met à l'épreuve des faits avant d'engager toute action. La théorie a beaucoup d'importance pour lui. Il est soucieux du détail. On l'appelle le « soyez précis ». Son temps de prédilection, c'est le passé. C'est un manager qui plaira à ses équipiers par sa rigueur, son soucis de la qualité, du travail bien fait, de l'exactitude. Ce qui peut le faire basculer vers le management noir ? Une trop grande prudence, un manque de souplesse. Il s'en tiendra parfois au pied de la lettre, oubliant l'esprit, il deviendra toxique pour certains de ses collaborateurs.

Le quatrième et dernier socio-profil, expansif au niveau des émotions et consentant au niveau de la discussion, c'est l'**accommodant**. Il est spontané, chaleureux, compréhensif, émotif, sensible et perspicace. Il se montre très sensible aux relations. Il facilite la fluidité des communications au sein de son équipe. Il s'exprime en terme de besoins, de motivations, de travail d'équipe, de communication, de sentiments. Il a du mal à dire non. On l'appelle le « oui, oui ». Il est aussi à l'aise avec le présent que le futur et le passé.

Ce manager obtiendra l'adhésion de son équipe par son empathie, sa chaleur humaine. L'accommodant a un profil de médiateur. Il est coopératif et aime rendre service. Il saura prêter main forte à ses équipiers. Ce qui peut le faire devenir BQR ? Sa sainte horreur des conflits peut lui faire prendre la fuite lorsque surviennent des tensions au sein de son équipe. En synthèse, nous sommes en présence de quatre socio-profils de managers :

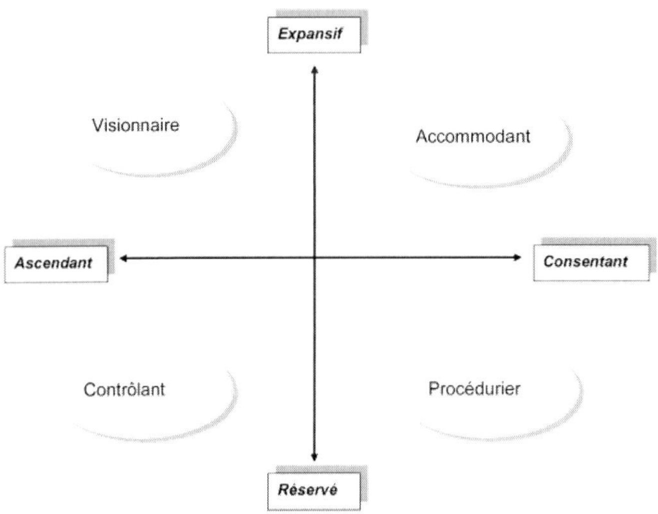

Le visionnaire est tourné vers les idées, le contrôlant, vers l'action, le procédurier vers les méthodes et l'accommodant, vers l'humain.

Soyons clair : il n'y a pas de socio-profil plus approprié qu'un autre pour être manager. Chacun d'eux manifeste des façons différentes d'entrer en relation avec leur équipe. Leurs prises de décisions diffèrent également :

Le **manager contrôlant** aura une propension à décider tout seul, sans échanges préalables avec ses équipes. Il donnera des instructions précises puis surveillera de près les résultats.

*A contrario*, le **manager accommodant** aura tendance à privilégier la concertation en amont avant de prendre sa décision. Il partagera ses idées, ses sentiments et sera friand de feed back. Il cherchera le consensus. Un accommodant renforcé pourra même aller jusqu'à déléguer ses pouvoirs à un équipier pour les décisions et l'exécution.

Le **manager procédurier** pour sa part, recueillera des kyrielles d'informations avant de prendre sa décision. Il avancera avec méthode, restant longtemps sur la défensive.

Quant au **manager visionnaire**, il a déjà muri sa décision dans sa tête depuis longtemps. Mais il va vouloir gagner l'assentiment de son équipe. Il aspire à ce que ses collaborateurs le trouvent génial.Néanmoins, il donnera des occasions de discuter.

Ce schéma des socio-profils vous permet de conscientiser à quelle famille vous appartenez. Dans un second temps, vous gagnerez à le transmettre à votre équipe. Vous évaluerez de quelle famille sont chacun de vos équipiers et vous leur dévoilerez votre socio-profil. Le travail de l'équipe en sera grandement facilité, la communication plus fluide. Des managers HQR sont des managers heureux avec des équipes épanouies, efficaces et performantes.

Une personne formée aux socio-profils identifie celui d'un individu en moins de trois minutes. La marge d'erreur n'excède pas les 20 %.

Une étude IPSOS, datant de 2008, demandait aux salariés ce qu'ils attendaient d'un manager :

Ils souhaitent qu'il soit doté d'une vision (61 %), d'une capacité à gérer les crise (56 %), qu'il fasse preuve d'honnêteté et d'intégrité (48 %), quatro d'un sens de la décision (47 %), et cinquièmement d'une capacité à motiver les autres (37 %).

Ces cinq aptitudes sont transversales aux quatre socio-profils. De tels managers seront respectés et appréciés par leurs équipes. Peter Drucker, le pape du management aux USA au XXe siècle, grand théoricien et praticien qui conseilla de très grosses compagnies, expliquait la chose suivante : « Les managers ont un avantage sur les athlètes. Ils peuvent déléguer leurs points faibles. »

Dans son ouvrage, *L'avenir du management*, il proposait aux managers de suivre quatre principes :

– Jouez sur vos points forts. Sachez pour quoi vous êtes doué et dans quel contexte. Il est préférable de renforcer ses points forts plutôt que de tâcher d'améliorer ses points faibles. C'est plus rapide de passer de bon à excellent que de médiocre à bon.
– Visualisez le succès.
– Raisonnez en vainqueur, agissez et ayez de la constance.
– Enfin, montez une équipe qui compense vos faiblesses.

Il appelait celà la logique des quatre « p » : perspective positive, préparation, pratique, persistance.

Quel que soit son socio-profil, ces attitudes sont efficaces. Néanmoins, celà ne suffit pas pour être un manager heureux.

### c) Le management positif

Le management HQR est un management positif. Il s'inscrit dans la mouvance de la psychologie positive. Ce courant étudie les mécanismes qui contribuent à l'épanouissement des individus, mais aussi à des groupes sociaux et à des institutions. Les premières pierres de la psychologie positive furent posées dans les années soixante par le psychologue humaniste Carl Rogers. Il forgea le concept de « fonctionnement optimal de la personne ». Un autre psychologue humaniste américain, Abraham Maslow, souligna aussi les biais de la psychologie, mieux armée pour identifier les pathologies que les potentialités humaines.

Contrairement à une tendance longtemps dominante en psychologie, la psychologie positive ne se focalise plus sur le dysfonctionnement de l'être humain. Elle étudie les mécanismes psychologiques qui aident les personnes à développer et à se prémunir contre les effets du stress et contre les troubles mentaux qui peuvent survenir au cours de la vie. La psychologie positive vise à aider chacun à donner un sens à sa vie personnelle et sociale, et à l'aider à être plus heureux. On distingue trois thèmes fondamentaux : les expériences subjectives positives (le bonheur ou le bien être), les traits de personnalité positifs (l'optimisme et l'empathie), et l'épanouissement des potentialités humaines.

Le management HQR peut contribuer à favoriser le bonheur au travail. Comment s'y prendre ?

En cherchant à renforcer les dispositions positives de chacun.

L'objectif de la psychologie positive est de prendre en compte l'être humain dans sa globalité, avec ses ressources et ses difficultés. Pourquoi les psy ont-ils eu ce biais de se focaliser sur le négatif ? Selon le psychologue américain Roy Baumeister de l'Université de Floride, « le négatif est plus fort que le positif ». Autrement dit, les événements négatifs auraient davantage d'impact sur les individus que les événements positifs. Nous serions inconsciemment plus attentifs aux stimulus négatifs qu'aux positifs. Une information négative aurait plus d'importance pour celui qui en prend connaissance qu'une information positive. Cette idée est cohérente avec un principe de la psychologie évolutionniste, selon lequel pour la survie et la reproduction, il est plus important d'identifier rapidement une menace potentielle qu'un bénéfice potentiel. La psychologie positive va bien au-delà des méthodes d'autosuggestion qui, depuis Émile Coué, sont basées sur la pensée positive. Elle n'a pas non plus pour objet de faire du bonheur un devoir, mais de permettre à chacun de développer les outils d'un mieux-être.

Le professeur Martin Seligman, de l'université de Pennsylvannie, un des pionniers de la psychologie positive, a demandé a plus de quatre cents participants d'écrire chaque soir pendant une semaine, trois choses qui allaient bien pour eux. Ils devaient également essayer de trouver la cause de ces aspects positifs de leur vie. Les résultats ont montré que le fait de consigner par écrit ce qui va bien, de l'attribuer à une cause, contribue à renforcer le bonheur subjectif. Ce dernier perdure longtemps après l'expérience.

D'autres recherches ont prouvé que le bonheur d'un individu pouvait être influencé par celui de ses amis, de sa famille et même de ses voisins. Avoir des amis heureux accroit ses propres chances d'être heureux de près de 60 %, et des voisins heureux de près de 30 % ! Les émotions ont donc une existence collective. Ces mêmes études affirment que le bonheur n'est pas contagieux entre collègues de travail. Pour quelles raisons ? Et si le management HQR pouvait contribuer à transformer cet état de fait ?

Si la psychologie positive a réhabilité le bonheur comme objet d'étude légitime, elle ne consiste pas à prescrire des cures d'autosuggestion, mais à aider l'individu à adopter des modes de pensée et d'action qui finissent par augmenter son bonheur subjectif. Ces actions impliquent les autres et en la matière le management entre en ligne de compte. Divers travaux de génétique du comportement suggèrent que le bonheur subjectif est déterminé à 50 % par des variables psychophysiologiques sur lesquelles on ne peut guère intervenir. Mais il reste 50 % sur lesquels nous pouvons influer. Il est possible par des décisions individuelles, des actions, la participation a des groupes, de modifier le bonheur que l'on éprouve.

Il s'agit, entre autre, de cultiver l'optimisme. De nombreux travaux de recherche ont montré que l'optimisme n'est pas synonyme d'enthousiasme forcé ni de déni de la réalité. En 1979, l'anthropologue américain Lionel Tiger a défini l'optimisme comme une humeur ou une attitude associée à l'attente d'un avenir désirable. Les optimistes sont persuadés que leurs actions auront pour conséquence un avenir meilleur. Pour mieux cerner les caractéristiques de l'optimisme les psychologues se sont attelés à comprendre son pendant : le pessimisme. C'est la conviction qu'aucune décision prise aujourd'hui ne peut avoir d'influence pour forger un avenir meilleur. Le pessimiste estime que les choses ne vont pas aller en s'améliorant.

Dans les années 1970, Martin Seligman et ses équipes furent les premiers à montrer que certains animaux peuvent apprendre que leurs actions sont vaines. À cet effet, ils ont exposé un groupe de chiens à des chocs électriques auxquels ils ne pouvaient échapper. Vingt-quatre heures plus tard, ces mêmes chiens ont été exposés une nouvelle fois aux chocs, mais, contrairement à la veille, ils avaient la possibilité de s'enfuir. Ils n'en ont pas profité. Ils avaient appris lors de l'expérience précédente qu'aucune de leurs actions ne pouvait mettre un terme aux chocs électriques. Ils endurèrent les décharges en demeurant passifs.

Cette expérience illustre l'**impuissance apprise**.

Les chercheurs se sont ensuite demandés si des êtres humains seraient également susceptibles de se sentir impuissants après avoir été placés dans des situations sur lesquelles ils n'avaient aucune prise. De nombreuses études ont indiqué que les hommes apprennent aussi que leurs actions ne servent parfois à rien. Lorsqu'ils ont la croyance qu'ils n'ont pas d'influence sur leur environnement, les êtres humains deviennent passifs, ne font plus aucun effort.

Ceci explique, en partie, pourquoi certains salariés subissent sans broncher le management noir durant des années. Ils sont résignés.

Pourquoi certaines personnes continuent-elles à se sentir impuissantes longtemps après la fin d'un événement traumatique ? Elles ont tendance à considérer que la situation traumatique est stable (« ça ne s'arrêtera jamais ») et généralisable (« ma vie entière est à l'image de cet événement »). Elles se considèrent également comme responsables de ce qui leur arrive. En revanche, elles ne se sentent pas impliquées dans les événements positifs qu'elles vivent (« j'ai eu de la chance ») et pensent que la situation agréable est temporaire (« ça ne va pas durer ») et limitée (« c'est bien la seule chose qui aille en ce moment »).

Ce comportement est qualifié de style explicatif. À l'inverse, face à un événement négatif, les optimistes fournissent des explications temporaires (« les choses vont s'arranger rapidement ») et limitées (« ça n'affecte qu'une partie de ma vie »). Nous ne prônons pas un optimisme béat, mais bien un optimisme raisonné. L'optimiste est tout à fait conscient des problèmes qu'il rencontre mais il tente de les résoudre de manière constructive, sans autodépréciation ni fatalisme.

D'où vient l'optimisme ? De l'éducation des parents, des messages reçus par ses enseignants, de ses fréquentations, mais également des médias. Un manager HQR cultive l'optimisme raisonné. Il a pour dessein d'influer sur l'optimisme des membres de son équipe. Les avantages de l'optimisme sont nombreux. Les optimistes sont en meilleure santé et guérissent plus vite de maladies. Ils gèrent mieux les situations difficiles et sont plus heureux que la moyenne.

Une entreprise a tout à gagner à cultiver l'optimisme en son sein et à faire travailler ensemble des collaborateurs optimistes. L'optimisme lucide dans lequel s'inscrit un manager HQR se situe à mi chemin entre un pessimisme rigide et un optimisme béat.

En résumé, voici les huit leçons de psychologie positive à méditer pour augmenter ses chances d'atteindre cette posture :

– Affronter les problèmes auxquels on est confronté sans chercher à les nier.
– Avoir une confiance raisonnable en soi.
– Entretenir des relations de qualité avec sa famille, ses amis, ses copains, ses voisins et ses collègues.
– Vivre intensément le moment présent.
– Savourer les plaisirs de la vie.
– Se fixer des objectifs atteignables.
– Avoir des ambitions.
– Consigner chaque soir les principaux événements positifs de la journée en cultivant la gratitude.

Abraham Maslow disait que « le plus beau destin, le plus extraordinaire dont puisse jouir un être humain, c'est d'être payé pour faire ce qu'il aime passionnément ».

Au fond, il existe trois manières de vivre son travail : Comme un simple emploi, ou bien l'investir comme une carrière ou enfin le percevoir comme une vocation. Il est urgent de redéfinir l'employé comme créateur de son rôle dans l'entreprise. C'est un des défis du management HQR. Comment augmenter son niveau de bonheur quand on est manager ? Il s'agit de s'engager dans la pratique de comportements stimulant le bonheur au quotidien. Nous parlons d'un bonheur réel et durable. La partie n'est pas gagnée, car le bonheur s'émousse. On dit souvent que les chagrins s'estompent avec le temps : « Sur les ailes du temps, la tristesse s'envole », écrit Lafontaine. L'ennui, c'est que le bonheur en fait de même. « J'ai reconnu mon bonheur au bruit qu'il a fait en partant », affirmait Prévert. On peut être heureux un temps, mais le bonheur s'étiole. On appelle cela l'adaptation hédonique. Le fait que l'on s'habitue à être heureux constitue un des obstacles majeurs à un bonheur durable.

Aux USA, des chercheurs ont suivi des managers pendant cinq ans pour évaluer leur satisfaction vis-à-vis de leur emploi avant et après une promotion.

Ces managers faisaient d'abord l'expérience d'une bouffée de satisfaction juste après le changement de poste. C'est l'effet lune de miel. Mais leur satisfaction s'effondrait en moins d'un an, résultat de l'adaptation hédonique. C'est l'effet gueule de bois.

Au contraire, chez les managers qui n'avaient pas changé d'emploi pendant la même période, le niveau de satisfaction vis-à-vis de leur emploi n'avait pas varié. L'adaptation hédonique aux événements positifs est rapide et totale. Le manager HQR choisit de lutter contre la routine, et prend vite conscience qu'œuvrer pour un bonheur durable est une affaire de tous les jours.

Comment les salariés repèrent-ils un manager à dominante HQR ? Nous avons réalisé une étude coup de jeune auprès de mille cent salariés, tous secteurs confondus, de janvier à avril 2010. Nous leur avons posé la question suivante : « Quels sont les comportements de vos collègues qui cultivent une relation de confiance, harmonieuse et énergétigène ? » Il en est ressorti sept attitudes majeures : la souplesse, l'accueil, la gentillesse, le respect, l'empathie, l'expressivité et la régulation. Ce sont les sept clés blanches du trousseau SAGREER favorisant la Haute Qualité Relationnelle. Pour développer chacune de ces attitudes, un manager peut utiliser les Outils relationnels managériaux qui lui correspondent et que nous allons détailler.

**Clé Souplesse :**

Cette clé est très efficace pour pratiquer un management différencié.

**ORMI** : S'ajuster dans sa communication suivant le socio-profil de son équipier.

Si votre équipier est un visionnaire. L'attitude à adopter avec lui est la suivante : Consacrez du temps à la discussion. Envisagez les problèmes à résoudre dans tous leurs aspects.

Le discours à construire : Avec l'équipier visionnaire, vous devez lier le thème examiné à une idée plus large. Vous avez ainsi une chance d'augmenter son attention et sa motivation.

Si votre équipier est un contrôlant. Soyez bref et incisif, utilisez pour le convaincre des moyens visuels, schémas, croquis, graphiques.

Dans le discours, situez- vous sur le terrain du pratique et du concret. Énoncez d'emblée les résultats et commencez par les conclusions.

Si votre équipier est un accommodant, en terme d'attitude à adopter il est déconseillé de se lancer tout de suite dans la discussion professionnelle car cette personne apprécie qu'on échange quelques propos à bâtons rompus. Dans le discours, soulignez les liens entre ce que vous dites et les personnes concernées.On précise l'appui reçu de personnes respectées.

Si votre équipier est un procédurier. L'attitude à adopter : Montrez-vous aussi précis que possible et ne bousculez pas ce genre de personne. Dans le discours, organisez votre intervention de façon logique. Présentez le cadre général, décrivez la situation actuelle pour en venir au résultat prévu. Le procédurier aime qu'on lui soumette d'autres solutions. Vous managez sans doute des équipes composées des quatre socio-profils. Vous gagnerez en efficacité en pratiquant ce management différencié et permettrez grandement à ce que l'équipe travaille efficacement de concert en lui divulgant quel est votre socio-profil, et la former à la détection des socio- profils dans l'entreprise. Le management génératif en sera facilité.

**ORMI** : S'extraire de ses habitudes de travail en étant influencé positivement par une proposition originale d'un équipier, même iconoclaste. Si elle s'avère efficace, et plus rentable vous aurez tout gagné à vous être montré souple.

**ORME** : En cas de crise au sein de votre équipe, inspirez-vous de « l'effet cocotier ». La psycho-rigidité n'a jamais facilité la sortie de crise. La négociation passe par une certaine dose de souplesse.

**ORME** : Donnez de l'autonomie à votre équipe.
Lorsque les managers exigent beaucoup de leurs collaborateurs tout en ne leur laissant qu'une étroite marge de manœuvre, cela crée de l'anxiété. Certes, les salariés doivent savoir ce qu'ils ont à faire car le flou est également source d'angoisse, mais il faut qu'ils puissent aussi réguler eux-mêmes leur charge de travail.

**ORME** : Formulez des demandes.
Le manager, leader du processus de collaboration générative, ne donne pas d'ordres et ne formule pas d'exigences. Il exprime des demandes. C'est la façon idéale de rendre justice au besoin d'autonomie des coéquipiers.
Le management génératif est le processus d'équipe qui assure que nous allons ensemble là où nous désirons aller. Il va de paire avec un style de gestion qui tient compte de l'essence même des humains, peu importe leur culture et leur position hiérarchique.

**Clé Accueil :**

**ORME** : Accueil de solutions innovantes, et de propositions nouvelles dans un esprit de management génératif.

**ORMI** : Accueil d'un désagrément, d'une plainte. Développez vos capacités d'accueillir celà.

**ORMI** : Accueil d'un nouvel équipier. Ne pas se contenter d'un mail de bienvenue, le mail type qui a un effet contre productif : « toi ou un autre ». Cela souligne plutôt l'indifférence. Présentez l'équipier à ses nouveaux collaborateurs et facilitez son intégration. Marquer le coup par une « réunion », un moment d'accueil un peu créatif et centré sur les goûts de l'arrivant.

**ORME** : Pensez ergonomie.

Un environnement de travail inadapté au corps du salarié génère, bien plus qu'on ne le croit, fatigue physique et mentale. En la matière, un manager a son mot à dire. Il doit influer pour que son entreprise donne un réel pouvoir d'action aux ergonomes afin d'adapter le travail aux individus, en tenant compte de leurs limites psychiques et neurophysiologiques.

*ORES* : Vous êtes un manager stressé ? Accueillez le bien être au travail en respirant.

Accordez vous trois minutes toutes les deux heures pour pratiquer la respiration antistress : Vous inspirez trois secondes, et vous expirez en six.

Accompagnez cet inspir-expir d'un sourire.

Vous apaiserez ainsi le couple adrénaline-cortisol, les deux hormones impliquées dans les réponses au stress, et permettrez au couple sérotonine-dopamine, hormones impliquées dans l'humeur positive et le sentiment de satisfaction, de reprendre les commandes.

**Clé gentillesse :**

**ORME : Exprimer des « bénécoms ».**

Les bénécoms sont des messages positifs qui diffusent la HQR au sein de votre équipe. En la matière, vous devez montrer l'exemple. « Vous êtes le changement que vous voulez voir dans ce monde », disait Gandhi.

Il existe cinq familles de bénécoms :

– Les paroles valorisantes : Félicitations, compliments et autres gratifications.

– Les critiques constructives : Un manager doit être capable d'exprimer des remarques de façon HQR quand le travail fourni ne convient pas. À la différence d'un toxicom, la critique sera tournée vers la construction. La recherche de solutions sera prononcée sur un ton posé et amical. Elle se terminera

toujours par des encouragements sincères.
– Les services rendus : Mettre la main à la pâte. Prêter main forte. Donner un coup de main, le manager HQR le fait autant de fois qu'il le peut.
– Les cadeaux.
– Les signes non verbaux : Ce peut être un sourire sincère, un clin d'œil, une petite tape sur l'épaule gauche, une prise douce du bras, une poignée de main chaleureuse, voire un baiser. Tous ces gestes non verbaux font du bien à un équipier. Il faut évidemment qu'aucun d'entre eux ne prête à équivoque. C'est tout le danger. Dans le milieu professionnel, on a le tabou de l'expression corporelle, du toucher. La distance professionnelle n'autorise pas forcément à entrer dans la bulle de l'autre. Néanmoins, à certains moments, quand c'est senti, un équipier a besoin d'un petit geste. Cela exprime solidarité et bienveillance.Quand on est en fragilité, reçevoir une telle marque de gentillesse s'avère très réconfortant. Cela témoigne que l'on existe pour cette personne.

**Clé respect :**

**ORMI** : Respectez les besoins du moment d'un équipier.

**ORMI** : Respectez les valeurs d'un équipier.

**ORME** : Élaborez la charte HQR de votre équipe.

Tâchez d'y associer tous vos équipiers. La méthodologie compte quatre temps.
– Une phase d'élaboration. À cet effet, il pourra être organisé une grande campagne de brassage d'idées à l'aide de questionnaires et de réunions sur le mode du brainstorming.
– Un temps de rédaction.
– Puis vient la période de mise en œuvre.
– Enfin, une phase de suivi, évaluation et redéfinition tous les ans en début septembre.

Cette charte ne peut être qu'originale. Elle sera teintée de l'identité de votre équipe. Elle comportera autant d'articles que les co-créateurs le décideront.

**ORME** : Établir un « contrat de qualité relationnelle » entre chaque membre de l'entreprise, dans lequel on inscrit les attentes, les peurs de chacun, dans le respect des rôles, statuts et fonctions de tous les acteurs de l'entreprise.

**ORME** : La santé et la sécurité sur le lieu de travail sont pris en compte au quotidien.

**ORME** : Lors d'un licenciement, le comportement doit être exemplaire vis-à-vis de la personne remerciée.

Dans l'optique de restaurer le respect humain au sein de l'entreprise, des pays comme le Québec, la Finlande ou la Suède ont instauré un vrai code de la politesse au travail.

Inspirons-nous de ces exemples qui vont dans le bon sens.

Toute stratégie cosmétique est proscrite. L'entreprise tourne le dos à « l'effet pinocchio » en matière de politique des ressources humaines.

**Clé empathie :**

L'empathie, c'est le résultat de trois attitudes : l'écoute, le questionnement et la reformulation. Nous portons tous des « lunettes », parfois sans être conscient d'en porter. Elles sont constituées de nos représentations, de nos repères et de nos habitudes. Le manager doit « décoder » les lunettes de chacun de ses équipiers.

**ORMI** : L'entretien individuel managérial d'évaluation (EIME). Il se déroule en neuf étapes.

– la préparation.

– l'amorce. Tenez compte du socio-profil de l'équipier et de ses

besoins du moment. L'objectif est de mettre à l'aise et d'installer un climat de confiance.
– avec un visionnaire, commencez par le féliciter.
– avec un contrôlant, entrez dans le vif du sujet.
– avec un procédurier, expliquez lui l'objet de la rencontre, le temps que cela va durer, et les étapes par lesquelles on va passer.
– avec l'accommodant, prenez un moment pour une discussion à bâtons rompus sur toute autre chose que l'objet de l'entretien.

Ce dernier donne sa confiance avec difficulté.

Il est fondamental de se soucier de cette phase de prise de contact. L'entretien hqr n'est pas un jugement. Le salarié ne se retrouve pas au tribunal.
– Vient le temps de l'analyse : Écoute/reformulation/ Questionnement.
– L'engagement personnel du manager : « Voici ce que je vous propose... » ou « voici ce que je vous demande... » Il fait passer son message et ses propositions.
– Négociation avec l'équipier.
– Résolution : gagnant-gagnant.
– Décision prise de concert.
– Action.
– Suivi/évaluation/ redéfinition ultérieurement.

**ORMI** : Repérer un équipier en cycle de démotivation.

**Clé expressivité :**

**ORMI : L'entretien individuel managérial de motivation. (EIMM)**

Un manager doit être capable de motiver ses équipiers. Comment s'y prendre ? Étymologiquement, les termes « moteur » et « motivation » ont la même racine. Du latin *motor*, qui met en mouvement. Pour bien comprendre les tenants et aboutissants de la motivation, nous pouvons donc filer la métaphore du moteur. Cela permettra de décoder le processus :

Le bloc moteur, c'est l'estime de soi. Le carburant, c'est le contenu et les caractéristiques du travail à accomplir.

Le comburant, indispensable à la mise en route du moteur, c'est le sentiment de compétence. La batterie c'est le sentiment d'autodétermination, le courant de recharge étant le plaisir ressenti à accomplir son travail. Enfin, l'huile, c'est le sens donné par le salarié à son travail.

Que doit faire un manager ? Comme tout bon mécanicien, faire un Check up, ou plus précisément, aider le collaborateur à effectuer son propre autodiagnostic.

Primo : Contrôler l'état du bloc moteur. L'estime de soi se compose du sentiment de confiance en soi, d'appartenance à un groupe, du sentiment de sa valeur et de la connaissance de soi. Chez certains salariés elle est fragile et mouvante. Plus l'estime de soi est importante, plus le moteur est gros, plus sa capacité est élevée. Inversement, plus l'estime de soi est petite, plus le moteur est petit, moins sa capacité de motivation est importante.

Secundo : Remplir le réservoir.

Impossible de démarrer un moteur sans carburant, fut-il celui d'une Ferrari. Le combustible du moteur est constitué des activités proposées au salarié, de leur contenu, de leurs objectifs, des avantages associés et des bénéfices espérés. Plus ces activités sont ambitieuses, sans être irréalisables, plus le défi qu'elles lancent est excitant, plus elles s'appuient sur des valeurs fortes en concordance avec celles du salarié, plus les bénéfices attendus ont de valeur à ses yeux, plus le moteur va pouvoir tourner vite et longtemps. Attention de ne pas mettre du super sans plomb dans un moteur diesel. À chaque type de moteur son carburant. Autrement dit, si l'activité proposée au salarié ne correspond pas au moteur, c'est-à-dire à l'estime de soi de la personne que l'on souhaite motiver, on ne peut espérer une quelconque mise en route.

**Charger la batterie :**

Lorsqu'on parle de motivation, cette batterie est constituée par le sentiment d'autodétermination. Le salarié ressent cela lorsqu'il se perçoit comme étant à l'origine de son comportement. Il a le sentiment intime d'avoir choisi délibérément son action et le type de récompense qu'il s'octroiera en cas de réussite. Nous éprouvons ce sentiment lorsqu'une activité ou un objectif à atteindre crée en nous un profond désir, une aspiration qui nous pousse sans que l'on ait véritablement besoin d'un acte de volonté nécessitant un effort.

Un manager HQR, en laissant son équipier choisir certaines de ses activités, l'aide à renforcer son sentiment d'autodétermination. En valorisant son travail, ses initiatives, il renforce la compétence perçue, et l'ensemble assure une part de motivation intrinsèque bénéfique à l'engagement. En revanche, ne pas témoigner sa satisfaction risque d'affaiblir la motivation intrinsèque. Plus le moteur est gros, plus la batterie devra l'être. Plus l'estime de soi est importante, plus le sentiment d'autodétermination devra l'être pour déclencher la motivation.

Vérifier le niveau d'huile : En psychologie de la motivation, l'huile symbolise le sens que l'on donne à son travail. Il faut entendre le terme dans ses trois dimensions : Le sens, comme direction : « Dans quel sens va ma vie professionnelle ? ». Le sens, comme signification : « Cela signifie quoi de travailler dans ce contexte, d'effectuer telle et telle tâche, avec tel et tel collègue ? »

Enfin, le sens comme sensorialité : le « feeling » disent les anglais « . Comment je le sens ce travail ? » On comprend que le moteur de certains salariés manque cruellement d'huile. Le manager doit veiller à tout ceci. Il supervise ses pilotes.

**Provoquer la combustion :**

Pour que le moteur démarre, il faut que le carburant soit associé au comburant. C'est le corps qui, en se mélangeant à l'essence, opère la combustion. Il s'agit de l'oxygène. Dans la psychologie de la motivation, l'oxygène, c'est le sentiment de compétence. Votre collaborateur se considère capable de réussir l'activité ou de progresser pour atteindre l'objectif. Cette conviction est directement liée à la manière dont elle se représente l'objectif, mais aussi aux moyens dont elle dispose pour l'atteindre.

En matière de motivation, la fameuse « **loi du renforcement** » se voit remise en cause depuis quelques années.
En 1940, le psychologue américain Clark Hull réalisa des études sur des rats en laboratoire. Ceux-ci devaient trouver la sortie d'un labyrinthe. Il observa qu'un rat ne travaillait que s'il était affamé, puis récompensé. Ainsi s'instaura une pratique devenue classique, qui consistait à mettre les rats à la diète avant de leur donner une récompense lorsqu'ils parvenaient à sortir du labyrinthe. Cette loi fut qualifiée de « loi du renforcement » car il s'agissait de renforcer un comportement par des alternances de privation et de récompense. Elle est toujours appliquée dans le système des primes au niveau du travail commercial. Le vendeur n'est que faiblement payé pour créer un besoin, puis est renforcé par une prime quand il atteint son objectif.

Depuis lors, des chercheurs ont prouvé l'existence d'autres formes de motivation : l'intérêt que l'on porte à une tâche pour elle-même. Il s'agit de la motivation intrinsèque. Or, de multiples expériences ont prouvé que les récompenses extrinsèques, l'argent, les prix sont susceptibles d'amenuir cette motivation intrinsèque, de même que toute forme de pression ou de surveillance. Cette motivation intrinsèque va de pair avec le sentiment d'autodétermination. Que se passe t'il si la sensation de compétence baisse ou si la contrainte s'accroît ? Votre équipier cesse de pratiquer ces tâches pour le plaisir qu'elles procurent, et n'y consent que pour les avantages associés. On dit alors que la motivation est extrinsèque. La motivation uniquement liée au renforcement peut avoir des conséquences néfastes comme le découragement ou la rébellion. Un manager doit être en mesure de repérer les signes de découragement. La première forme d'autodétermination est la capacité à déterminer son espace de vie et de travail. Elle est inexistante pour les salariés qui arrivent au travail sans avoir de bureau attitré et s'installent à une place laissée vacante.

En résumé, quelles sont les clés d'une bonne motivation HQR de votre équipier ?

Tout d'abord, accorder le niveau de qualification et de responsabilité à la compétence du salarié, en évitant qu'il ne se sente, ni trop, ni pas suffisamment compétent pour les tâches qui lui sont demandées.

Ensuite, lui offrir autant d'autodétermination que possible, tout en s'assurant que son sentiment de compétence ne s'effrite pas, en prodiguant des bénécoms en rapport avec la qualité du travail. Pas de flagornerie ! Aucune flatterie ! Tout doit être sincère. Votre équipier aura alors un miroir de sa compétence. Autodétermination et compétence perçues, sont les deux piliers de la motivation intrinsèque. Valoriser ces besoins du collaborateur aboutit à une motivation persistante. Votre équipier entre en spirale de progression et s'éloigne du cycle de démotivation. Cela évite à l'entreprise des désagréments tels que la rébellion ou l'absentéisme.

## ORME : L'entretien de motivation d'équipe (EME).

Pour préparer votre entretien de motivation d'équipe, tenez compte du fait que celle-ci est constituée des quatre socio-profils pré-cités. Vous devez donc y inclure différents arguments qui motiveront collaborateurs visionnaires, contrôlants, accommodants et procéduriers. Un conseil, commencez par les arguments pour contrôlants, et finissez par ceux pour visionnaires. Vous pourrez ainsi faire partager votre vision. Comment procéder ? Vous disposez des quatre socio-profils en vous, même si vous faites partie d'un socio-profil « naturel ». Il vous suffit de puiser dans vos ressources internes et de mettre à contribution votre créativité. Rappelez-vous qu'on attend d'un manager qu'il soit porteur d'une vision et qu'il sache motiver les autres. On lui demande également honnêteté et intégrité.

**Clé Régulation :**

On attend également de lui qu'il ait le sens de la décision et qu'il soit capable de gérer les crises. Pour ce faire, la clé régulation lui sera d'une aide précieuse. Une équipe risque de vivre de multiples conflits. Dans certains cas, le manager y est directement impliqué. Dans d'autres, il est l'arbitre de conflits inter-collaborateurs. Il va devoir gérer ces conflits d'une façon HQR. C'est-à-dire avec fermeté, mais sans hargne.Cela n'empêche pas d'être efficace, bien au contraire. Comme l'affirme le psychiatre David Servan Schreiber, « l'erreur que nous commettons en France est de penser que bien communiquer de cette manière-là, cela ne s'enseigne pas ». Peut être parce que,depuis des siècles, l'espèce humaine est persuadée que, bien communiquer, se résume,soit à savoir jouter en maniant la rhétorique, être un grand orateur, un débatteur, soit à faire preuve d'aptitudes à manipuler.

**ORES** : Quelle est votre pente naturelle lorsque surviennent des conflits ?

Êtes-vous plutôt dans une logique de fuite, d'affrontement, ou de négociation ?

**ORES** : Repérez quelle est la nature du conflit ?

Il existe cinq principaux types de conflits :

– Les conflits de valeur. Ce qui est en jeu c'est ce qui est vrai, beau, bien, selon des critères ou un jugement personnel.

– Les conflits de besoin : Exigence née de la nature ou de la vie en société.

– Les conflits de personnalité : Configuration psychologique qui différencie une personne de toutes les autres.
– Les conflits d'intérêt : La recherche d'un avantage personnel.
– Les conflits de rôle : Conduite de quelqu'un qui joue un personnage, exerce une influence ou remplit une fonction dans une situation sociale précise.

**ORES** : Pistes pour gérer d'une façon HQR chacun de ces conflits.

Pour les conflits de valeur, ne cherchez pas à asséner vos conceptions personnelles comme des vérités objectives. Reconnaissez que quelqu'un qui ne partage pas vos croyances ne constitue généralement pas un danger pour vous.

Pour les conflits de besoin. Demandez-vous clairement ce qui contribue à votre bien être. Comprenez que ce que nous ressentons nous indique le degré de satisfaction de nos besoins.
Pour les conflits d'intérêt, cherchez des solutions favorables aux protagonistes qui ne soient pas de nature compétitive. Déterminez avec précision les buts et les motivations des deux personnes en conflit.

Pour les conflits de rôle, établissez un cadre, des règles de fonctionnement, des tâches claires pour chacun.
Comprenez les conduites qui guident les individus dans une situation sociale précise.

Pour les conflits de personnalité, ayez conscience du fait que ce type de conflit ne repose sur aucun fait objectif.
Sachez que ce qui nous gêne dans cette personne représente souvent un aspect de nous même que nous avons du mal à assumer.

**ORMI : Entretien de régulation d'un conflit individuel (ERCI).**
Donnez la parole à votre équipier concerné. Aidez-le à comprendre ce qui se trame et quelle est la nature du conflit.

Dans un second temps réunissez les deux protagonistes et cherchez une conciliation, une sortie par le haut, gagnant-gagnant.

**ORME : Entretien de régulation d'équipe en crise (EREC).**

Utilisez « L'O.S.B.D ». C'est une variante de l'outil proposé par Rosenberg dans sa méthode de communication non violente.

O : Je dis ce que j'ai observé.

S : Je dis les émotions que je ressens, mes sentiments, mes pensées.

B : J'exprime mes besoins.

D : J'exprime ma décision. Je décide car un manager doit savoir trancher. Il doit même savoir être ferme.

C'est indispensable pour une possibilité de sortie de crise. Dans l'équipe où vous jouez le rôle de manager, vous êtes le leader du processus de collaboration générative. Si vous laissez un conflit ou un malaise se développer sans le réguler, vous allez voir se contaminer, à un degré variable, l'ensemble des relations. Votre rôle vous impose donc de réguler, et le plus vite possible. Vous savez qu'un client satisfait en parle à deux ou trois autres potentiels tandis qu'un insatisfait en parle à dix.
C'est le même ratio pour un collaborateur satisfait et insatisfait.

En synthèse, récapitulons les neuf langages du management Haute Qualité Relationnelle :
– Cultiver la reconnaissance.
– Développer la zone ouverte de la fenêtre de JOHARI.
– Apprendre à se dire les choses sans violence.
– Savoir faire amende honorable. Être capable de pardonner.
– Dire « nous ». Penser « équipe ». Avoir l'art de laisser l'initiative à son équipe par un management génératif.
– S'échiner au quotidien à atténuer l'écart généré entre vous et vos équipiers par votre position de pouvoir. Éviter tout abus de pouvoir. C'est la seule manière HQR de vivre son pouvoir.

– Réguler et gérer les conflits d'une façon HQR.
– Manifester de l'optimisme et être capable de le transmettre.
– Être capable de proposer des objectifs motivants pour son équipe et d'en discuter avec elle.

## L'appel contre le management noir

Ne nous leurrons pas. La majorité des dirigeants d'entreprise ne modifieront pas les pratiques managériales sans une pression solidaire de la base, des cadres excédés, des managers écoeurés et des pouvoirs publics. Il faudra certainement, à terme, organiser des États Généraux du management pour confronter nos différents angles d'approches. Pour l'heure, nous souhaitons seulement, au nom de tous ceux qui ont mis fin à leurs jours, victimes de managers BQR, de toutes celles et ceux qui sont malades, de tous ceux qui souffrent sur leur lieu de travail lancer un appel à se mobiliser contre ce management noir.

**Pour un management positif :**

**Face à tous ces « messieurs sans gêne de la classe affaires », tous ces cost killers, tous ces réducteurs de têtes, tous ces dirigeants BQR, nous lançons un appel :**

**Nous, professionnels de la santé, de la formation, de l'éducation, DRH, salariés des secteurs privés et publics, travailleurs en centres d'appels, en préfectures, en mairies, en usine, agriculteurs, policiers, journalistes, employés de banques, de la Grande Distribution et partout ailleurs, appelons à une révolution des pratiques managériales.**

**Nous oeuvrons pour un management à dominante Haute Qualité Relationnelle, fondé sur une communication saine, une démarche générative, généreuse, de la gratitude et de genre féminin. Parce que trop de salariés ont mis fin à leurs jours ces derniers mois, il y a urgence.**

Parce que trop de salariés souffrent du stress et de troubles psychosociaux, de harcèlement, d'isolement, déprimés, autant de maltraitances perpétrées par le management noir, il y a urgence.

Parce que trop de salariés vivent leur quotidien professionnel comme une journée de misère, vont au travail la boule au ventre, et en reviennent avec la migraine, déprimés, agissons pour la mise en œuvre du management positif.

La souffrance au travail, ça suffit !

# Épilogue : Le manager magnanime

Nous voici parvenus au terme de notre périple dans le monde de l'entreprise. Nous avons tenté de lever un coin du voile afin de mieux perçevoir ce qui se trame derrière ce malaise dans le management ressenti par tant de salariés de notre pays. Nous avons passé en revue les différents aspects de ce management noir, management par le stress, de la terreur, qui planifie, telle une machine à broyer, le dégraissage de nombre de travailleurs. Il faut s'insurger contre ce « S.E.T management » qui génère tant de maltraitances. Nous ouvrons la voie au management Haute Qualité Relationnelle, qui est un management génératif, équitable, basé sur une communication fondée sur l'écologie relationnelle, le sens de la générosité et de la gratitude. Alors que le management noir diffuse le mépris, le management Haute Qualité Relationnelle place la reconnaissance au centre. Il vise à instaurer une estime mutuelle et le sentiment de sa propre valeur. L'enjeu est de « *réenchanter le travail* » comme l'indique le titre de l'ouvrage du sociologue Roger Godino. Cela passera par une révolution des pratiques managériales.

« La révolte gronde dans les entreprises », prévient le sociologue Bernard Cathelat. Il est urgent de remotiver les salariés en les associant davantage au management.

Pour la première fois, l'enquête quinquénale menée par le Centre de Communication Avancée, dont il est le fondateur, s'est intéressée au management. Comme chaque fois, ils ont posé neuf- cents questions à plusieurs milliers de français. Il en ressort que les salariés réclament plus de considération et d'écoute. En outre, huit français sur dix pensent que les entreprises les abandonnent. Ils jugent qu'elles ne sont plus solidaires de leurs salariés puisqu'elles délocalisent, pratiquent des licenciements préventifs et créent de moins en moins d'emplois pérennes. Tout cela les rend pessimistes. Cette meme enquête révèle que 83 % des français sont prêts à des sacrifices s'ils ressentent une meilleure écoute et des discussions de fond avec leurs managers. Ils plébiscitent un management de proximité. À leurs yeux, le bon manager ressemble au chef de caravane dans les western, fiable et rassurant. Il ne laisse personne isolé derrière lui. C'est un homme qui dit « faisons ensemble ».

En écho, Peter Drucker affirmait que les managers humanistes qu'il avait croisés au cours de sa carrière présentaient deux caractéristiques communes. Ils disaient « nous » et s'échinaient au quotidien à atténuer l'écart qu'il y avait entre eux et leurs collaborateurs, généré par leur statut et le pouvoir qu'il leur confèrait. Nous sommes loin du modèle dominant où l'on rencontre encore trop de managers toxiques portés à l'abus de pouvoir. Certains sont de bons petits soldats, à la botte de ce que leur demande leur direction. D'autres se comportent ainsi au prix d'un grand écart quotidien entre leurs valeurs et les actes que les obligent à pratiquer leurs dirigeants.

« Durant onze ans, comme manager dans la grande distribution, j'ai joué ce rôle de bon petit soldat. J'avais le regard rivé sur les chiffres. Le score, la courbe des ventes, c'était devenu ma religion. J'obéissais aux diktats de ma direction. Je pressais le citron de mes équipes. Aucune humanité, aucune empathie, aucune souplesse, rien de tout cela, nous assure Gilles, 43 ans, ancien manager chez Carrefour, au cours d'un débat participatif. Le soir, je rentrais chez moi, la mine défaite, le regard vide, dépité. Je conscientisais qu'agir ainsi, c'était contraire à mes valeurs. Je faisais le grand écart tous les jours.

Ce n'était plus tenable. J'ai craqué. Burn out, dépression, arrêt maladie. Aujourd'hui, j'ai changé de métier et je me sens plus épanoui, en accord avec moi-même ». Combien de managers en poste sont dans le même cas que Gilles ? « Bientôt, c'est à des suicides de managers que nous risquons d'assister », avertit Marie Pezée.

Dans son roman, *Le bureau vide*, paru cette année, Frank De Bondt, décrit la résistance d'un DRH qui vient d'être licencié par sa firme : « Ils ne m'auront pas ». Son bureau vidé, il continue chaque jour à se rendre à son travail. « Que peuvent-ils m'enlever maintenant que mon bureau est évidé ? Leur cruauté n'est rien à côté de la mienne : ils voulaient mon départ, eh bien, j'exige maintenant qu'ils aillent jusqu'au bout de leur partition. Jamais je ne me suis senti aussi lié à mon entreprise ». « La résistance est un exercice subtil de composition. Il convient de reconstituer ses forces sans relâche, de pouvoir les convoquer, intactes dès que l'on subodore une offensive ennemie. J'ai appris à vivre en état d'alerte ».

Ils sont nombreux à vivre comme le héros de ce roman dans leurs entreprises. Et pourtant l'être humain aime à se sentir en intimité avec les lieux dans lesquels il évolue, nous assure le géographe Jean Robert Pitte, dans son nouvel ouvrage *Le génie des lieux*. « Si l'on se sent dans un univers hostile, on ressent un certain malaise. On peut même en tomber malade ». Tous les troubles psychosociaux que nous avons détaillés dans ce récit sont causés, de près ou de loin, par le management noir. Les outils du management Haute Qualité Relationnelle offrent une démarche innovante qui permet l'amélioration de l'être-ensemble au travail afin que toutes les relations, à soi, à ses collègues, à sa direction, à son manager, à son entreprise deviennent harmonieuses et énergétigènes. C'est ainsi que l'on œuvre pour une véritable prévention primaire des risques psychosociaux.

Le manager HQR est un manager magnanime. « Vois tu, il n'y a que deux classes d'êtres : les magnanimes et les autres ; et je suis arrivé à un âge où il faut prendre parti, décider une fois pour toutes qui on veut aimer et qui on veut dédaigner, se tenir à ceux qu'on aime, et pour réparer le temps qu'on a gaché avec les autres, ne plus les quitter jusqu'à la mort. Le sort en est jeté, j'ai choisi d'aimer les seuls cœurs magnanimes et ne plus vivre que dans la magnanimité ». Voici ce qu'écrivait Marcel Proust dans *Du côté de chez Swann*. Puissent tous les managers imiter Swann sur ce plan.

Il s'agirait là d'une véritable révolution dans un monde ou l'ultra individualisme donne le la, ouvre les portes aux esprits étroits et cupides. À quand des managers aux grandes âmes ? C'est ce que signifie la magnanimité. Le terme vient du latin *magnus animus*. Une grande âme. C'est ainsi que l'on appelait Gandhi, le Mahâtmâ : la grande âme.

La HQR est une voie gandhienne proposée aux managers. Soyons lucides. Dans certaines grandes firmes, un manager HQR aurait l'espérance de vie d'un hérisson traversant une autoroute. Le management noir est bien le symptôme d'une crise plus vaste, celle du système économique et de la globalisation qu'il a engendrée. Quand on voit la tyrannie absolue de la spéculation financière sur le monde, quand on évalue ses conséquences sur nos vies de citoyens, sur la vie des États, on est tenté de s'insurger contre ce modèle inique, cynique, injuste et destructeur du lien social. Se pose alors la question cruciale : Pourrons-nous sortir un jour l'humanité du capitalisme ? Pour quel autre système ?

Existe-t-il déjà une alternative crédible ? « Sans sortir du capitalisme, il vous sera difficile d'abolir toutes les formes du management noir. Il lui est consubstantiel », nous disait un vieux chef d'entreprise. Néanmoins, n'attendons pas un hypothétique « Grand Soir » pour faire évoluer les choses. Agissons là où nous sommes. Soyons porteurs de solutions sur le terrain, dans de petites structures. C'est la philosophie des changements par les petits cailloux, chère à Françoise Dolto.

La vie professionnelle n'est pas tout. Ce qui manque à notre travail peut et doit être cultivé ailleurs. Dans l'enquête du CCA, les français prouvent qu'ils ne croient plus aux macroconsultations. Mais la petite structure, la PME, le réseau ont leurs faveurs. Au sein d'une équipe managériale, comme dans un groupe de formation, nous pouvons œuvrer pour mettre en place des pratiques innovantes fondées sur une démarche générative. Les Français nous suivent dans cet élan. Dans cette même enquête ils énoncent que les managers devraient être des facilitateurs de mutation et non des spécialistes de l'amputation. Alors ? « Fligh to quality », comme disent les anglo saxons :en route vers la qualité. Au fond, « tout ce qui compte ne peut être compté, et ce qui peut être compté ne compte pas toujours » affirmait Einstein.

La France, ce pays reconnu comme un des endroits au monde où il fait si bon vivre, s'enorgueillirait de prendre à bras le corps ce problème du mal-être au travail et d'en faire une grande cause nationale. Ces derniers temps, une campagne du ministère du travail, destinée à agir contre les troubles psychosociaux, tourne en boucle sur les ondes de France Inter.

« Quand un salarié souffre, c'est toute l'entreprise qui est affaiblie », peut-on entendre. Gageons que tous les dirigeants et managers BQR seront sensibles à cet avertissement et modifieront leurs comportements quotidiens. Ils contribueront alors à l'expansion aux quatre coins de la planète de notre mouvement, porteur du management Haute Qualité Relationnelle.

## Annexe 1 : Résultats de l'IQRM.

Résultats :

| | A | b | C | D | e | F | Total |
|---|---|---|---|---|---|---|---|
| **1** | 4 Souplesse | 3 Souplesse | 1 Rigidité | 0 Rigidité | | | |
| **2** | 6 Expressivité | 3 Rigidité | 4 Accueil | 2 Accueil | 1 Irrespect | 0 Irrespect | |
| **3** | 4 Empathie | 0 Fermeture | 3 Gentillesse | 2 Respect | | | |
| **4** | 2 Irrespect | 4 Respect | 1 Fermeture | 0 Irrespect | 0 Rejet | | |
| **5** | 2 Gentillesse | 0 Fermeture | 3 Accueil | | | | |
| **6** | 0 Rejet | 3 Régulation | 0 Irritabilité | | | | |
| **7** | 1 | 1 | 1 | 1 | | | |
| **8** | 9 Empathie / Expressivité | 1 Rigidité | 1 Rigidité | | | | |
| **9** | 9 Expressivité | 1 Irrespect | | | | | |
| **10** | 0 | 1 | 1 | 0 | | | |
| **11** | 2 | 2 | 0 | | | | |
| **12** | 2 | 0 | 1 | | | | |
| **Total** | | | | | | | |

Total :

De 1 à 17 : Vous avez un management à dominante Basse Qualité Relationnelle.
Tout peut évoluer. Rien n'est figé à vie. Il suffit que vous le décidiez. Vous gagneriez à utiliser au quotidien les Outils de la HQR pour faire évoluer votre style de management.

De 15 à 34 : Vous avez un management inégal et qui doit aller encore plus avant vers un comportement participatif et humaniste. Appuyez-vous sur les techniques de la HQR pour avancer dans le bon sens au quotidien.

De 34 à 49 : Vous pratiquez un management à dominante Haute Qualité relationnelle. Néanmoins, examinez vos réponses de plus près. Relevez les questions auxquelles vous avez utilisé une clé du trousseau FIRRMIS. Vous progresserez encore plus et augmenterez vos attitudes de manager haute qualité relationnelle.

## Annexe 2 : Résultats de l'indice d'estime de soi.

**Réponses au premier questionnaire** : Additionnez vos points.

| | | | | | |
|---|---|---|---|---|---|
| Q1 | a) | 0 | Q11 | a) | 2 |
| | b) | 1 | | b) | 1 |
| | c) | 2 | | c) | 0 |
| Q2 | a) | 0 | Q12 | a) | 2 |
| | b) | 1 | | b) | 1 |
| | c) | 2 | | c) | 0 |
| Q3 | a) | 0 | Q13 | a) | 0 |
| | b) | 1 | | b) | 1 |
| | c) | 2 | | c) | 2 |
| Q4 | a) | 0 | Q14 | a) | 2 |
| | b) | 1 | | b) | 1 |
| | c) | 2 | | c) | 0 |
| Q5 | a) | 0 | Q15 | a) | 2 |
| | b) | 1 | | b) | 1 |
| | c) | 2 | | c) | 0 |
| Q6 | a) | 0 | Q16 | a) | 2 |
| | b) | 1 | | b) | 1 |
| | c) | 2 | | c) | 0 |
| Q7 | a) | 2 | Q17 | a) | 2 |
| | b) | 1 | | b) | 1 |
| | c) | 0 | | c) | 0 |
| Q8 | a) | 0 | Q18 | a) | 2 |
| | b) | 1 | | b) | 1 |
| | c) | 2 | | c) | 0 |
| Q9 | a) | 0 | Q19 | a) | 0 |
| | b) | 1 | | b) | 1 |
| | c) | 2 | | c) | 2 |
| Q10 | a) | 0 | Q20 | a) | 0 |
| | b) | 1 | | b) | 1 |
| | c) | 2 | | c) | 2 |
| Q21 | a) | 0 | Q22 | a) | 0 |
| | b) | 1 | | b) | 1 |
| | c) | 2 | | c) | 2 |
| **Total :** | | | | | |

Résultats :

De 0 à 16 points : Votre estime de soi est plutôt basse. Vous souffrez d'un manque de confiance en vous. Toutefois, rien n'est figé. Vous avez tout loisir, si vous le décidez, d'agir pour faire s'élever votre estime de vous. À cet effet, vous gagnerez à utiliser au quotidien, les Rituels d'estime de soi et les marqueurs d'estime de soi que nous proposons dans cet ouvrage.

De 17 à 32 points : Vous êtes doté d'une estime de vous moyenne. Votre confiance en vous fluctue selon les scénes sur lesquelles vous évoluez. Vous gagnerez à expérimenter les rituels d'estime de soi que nous proposons dans la méthode.

De 33 à 44 points : Vous faites partie des individus dotés d'une estime de soi haute. Néanmoins, celle-ci doit s'entretenir. Vous serez bien inspiré de pratiquer les rituels d'estime de soi proposés dans cet ouvrage.

**Second questionnaire :**

Q1 : Si vous avez répondu b, c ou d, votre estime de vous a tendance à être instable. Toutefois rien n'est figé. Vous pouvez agir pour la stabiliser vers le haut en pratiquant les rituels d'estime de soi proposés dans l'ouvrage. Si vous avez répondu a, votre estime de soi est stable (vers le haut). Continuez à l'entretenir en pratiquant des rituels d'estime de soi et en renforçant vos marqueurs d'estime de soi.

Q 2 : Si vous avez répondu b, c, d votre estime de vous a tendance à être instable. Toutefois rien n'est figé. Vous pouvez agir pour la stabiliser vers le haut en pratiquant les rituels d'estime de soi proposés dans l'ouvrage. Si vous avez répondu a, votre estime de soi est stable (vers le haut). Entretenez-la pour maintenir ce seuil à ce niveau en pratiquant des rituels d'estime de soi.

## Annexe 3 : Table des abréviations

HQR : Haute Qualité Relationnelle.
BQR : Basse Qualité Relationnelle.
FIRRMIS : fermeture, irrespect, rejet, rigidité, méchanceté, irritabilité, surdité.
FORCE : fermeté, orbservation, rire, courtoisie, expressivité.
SAGREER :souplesse, accueil, gentillesse, empathie, expressivité, régulation
TOXICOMS : messages toxiques.
BENECOMS : messages bénéfiques.
OR : Outil relationnel.
ORES : Outil relationnel envers soi.
ORA :Outil relationnel envers l'autre.
ORM : Outil relationnel managérial.
ORMI : Outil relationnel managérial individuel.
ORME : Outil relationnel managérial d'équipe.
EIME : entretien individuel managérial d'évaluation.
EIMM : entretien individuel managérial de motivation.
EME : entretien de motivation d'équipe.
ERCI : Entretien de régulation d'un conflit individuel.
EREC : Entretien de régulation d'une équipe en crise.
IES : Indice d'estime de soi.
MES : Marqueurs d'estime de soi.
TRAVERS : terrorisme relationnel actif vertical émotionnel radical et sentimental.
CHSCT : Comité d'hygiène et de sécurité des conditions de travail.
VATEN : Voix A Toxicoms chargées d'énergies Négatives.
VIBRE : Voix Internes à Bénécoms Riches en énergies positives.

SET management :Stress et Terreur.
CDD : cycle de démotivation.
JEM : Journal d'écologie managériale.
TAG : tableau aux gratitudes.

# Annexe 4 :
# Les trois trousseaux de la méthode HQR

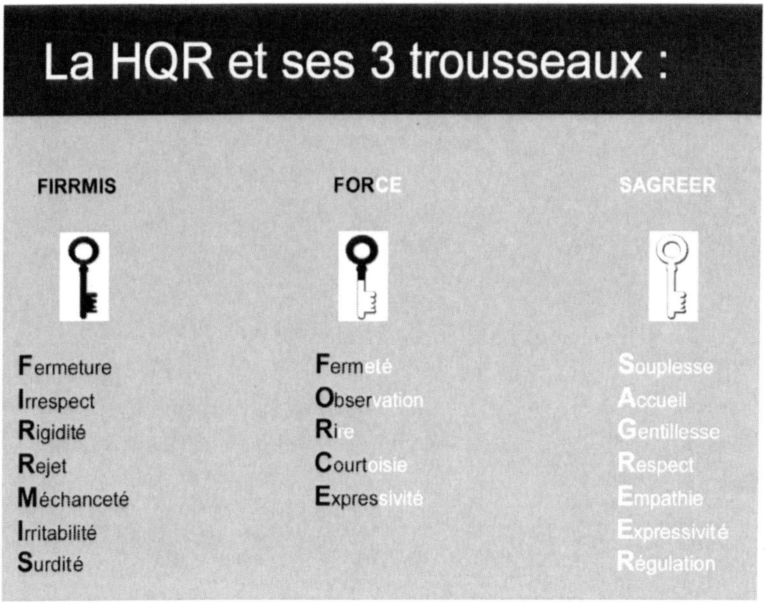

# Bibliographie


Michael Aguilar, *300 citations pour vous motiver*, Dunod, 2009

Éric Albert, *Managers, faites en moins*, Eyrolles, 2007

Christophe André, François Lelord, *L'estime de soi*, Odile Jacob, 2006

Florence Aubenas, *Le quai de Ouistreham*, Éditions de l'olivier, 2010

Sébastien Beaulieu et Luc Antoine Malo, *Savoir innover en équipe*, IQ, 2007

Tal Ben-Shahar, *L'apprentissage du bonheur*, Pocket, 2008

Albert Camus, *L'homme révolté*, Gallimard 1951

Sylvain Cascarino, *Le management par la terreur*, Internet, 2002

Daniel Cohen, *La prospérité du vice*, Albin Michel, 2009

Comité invisible, *L'insurection qui vient*, La Fabrique, 2007

Frédéric Crépin, *Manager pour la première fois*, Eyrolles, 2004

Stephen R Covey, *L'étoffe des leaders*, First éditions, 2006

Frank De Bondt, *Le bureau vide*, Buchet Chastel, 2010

Alain De Botton, *Splendeur et misère du travail*, Mercure De France, 2010

Christophe Dejours, Florence Bègue, *Suicide et travail : que faire ?*, PUF, 2010

Alexandre Des Isnard, Thomas Zuber, *L'open space m'a tuer*, Hachette 2009

Frans de Waal, *L'âge de l'empathie*, LLL, 2010

Peter Drucker, *L'avenir du management*, Pearson, 1999

Ivan Du Roy, *Orange stressée*, la découverte, 2009

Robert Dilts, *Être coach*, Interéditions, 2003

Robert Emmons, *Merci*, Pocket, 2007

Cris Evatt et Bruce Feld, *Généreux ou égoïste ?*, Payot, 2010

Erich Fromm, *La passion de détruire*, Robert Laffont, 1973

Roger Godino, *Réenchanter le travail*, Eyrolles, 2008
Bénédicte Haubold, *Les risques psychosociaux*, Eyrolles, 2009
Paul Moreira, Hubert Prolongeau, *Travailler à en mourir*, Flammarion, 2009
Rémi Juet, *La boîte à outils du manager*, Dunod, 2005
Dominique Méda, *Travail : la révolution nécessaire*, Éditions de l'Aube, 2010
Alice Miller, *C'est pour ton bien*, Aubier 1985
Alice Miller, *La connaissance interdite*, Aubier 1990
Jean Monbourquette, *De l'estime de soi à l'estime du soi*, Bayard, 2002
Jean Monbourquette, *Stratégies pour développer l'estime de soi et l'estime du soi*, Bayard, 2003
Jo Owen, Yes ! *Devenez un as du management en 50 leçons*, L'entreprise, 2006
Marie Pezée, *Ils n'en mouraient pas tous, mais tous étaient touchés*, Pearson, 2007
Rosette Poletti, Barbara Dobbs, *La gratitude*, Jouvence, 2010
Jean Robert Pitte, *Le génie des lieux*, Éditions CNRS, 2010
Jean Michel Ribes, *Le rire de Résistance*, Beaux Arts, 2008
Benjamin Rousseau, *Pratique des entretiens de management*, Dunod, 2007
Daniel Sibony, *Les sens du rire et de l'humour*, Odile Jacob, 2010
Rafik Smati, *Pour un capitalisme féminin*, Eyrolles 2010
Robert Sutton, *Objectif zéro sale con*, Vuibert, 2007
Robert Sutton, *Faits et foutaises dans le management*, Vuibert, 2009
Joseph E. Stiglitz, *Le triomphe de la cupidité*, LLL, 2010
Gunter Wallraff, *Parmi les perdants du meilleur des mondes*, La Découverte, 2010

Magazine « *Elle* », mai 2010

*Vous souhaitez en savoir plus sur les formations à la Haute Qualité Relationnelle ?*

*Communiquons sur : www.hautequaliterelationnelle.fr*
*N'hésitez pas à nous envoyer un mail sur : h.q.r@free.fr. Nous serons ravi d'échanger avec vous.*

*Remerciements :*

*Toute ma gratitude à Isabelle Landreau, Claire Philips, Hayat Bada, Jean Luc Drigout, Slimane Bouaziz, Désiré Eloundou, Philippe Mazet, Behta Nadji ainsi qu'à tous les membres du collectif « coup de jeune ».*
*Mille mercis à toutes celles et ceux qui ont répondu de bonne grâce à nos enquêtes et qui ont échangé, partagé et donné avec générosité, bienveillance et respect au cours de nos débats participatifs.*
*Toute notre gratitude aux nombreux journalistes qui nous ont invités et à ceux qui nous feront écho en nous permettant de faire connaître la méthode Haute Qualité Relationnelle aux citoyens du monde.Ils en ont tant besoin.*

# Tables des matières

Achevé d'imprimer en France
par Dupli-Print à Domont (95)
en juin 2010
N° d'impression : 153560